SeaEagle

SeaEagle

SeaEagle

SeaEagle

人性的弱點。

卡內基

戴爾・卡內基 著
雲中軒 譯

最暢銷
勵志經典

全新譯本
NEW VERSION

How to Win
Friends and Influence People

《如何贏得友誼與影響別人》
連續10年《紐約時報》暢銷書排行榜

我從八歲就開始讀卡內基先生的著作，
現在的年輕人們，你們越早讀卡內基的作品，
你們的人生就會越早獲得啟發。 ——**華倫・巴菲特** *Warren Buffett*

前言

學習卡內基思想，必須閱讀這部《人性的弱點》。

這是一本關於行動的書。本書自從一九二六年問世以來，在世界各地已經譯成五十八種文字，全球總銷售量九千餘萬冊，擁有超過四億讀者，成為人類出版史上最暢銷的書籍之一。

此書永遠不會過時，就是在於卡內基對人性的深刻認識，以及為了根除人性的弱點開出的有效處方。

書名所指的「弱點」，主要是指人類的性格、意志、品格等方面的精神特質，是針對人類的心理和精神等主觀方面而言，而不是指客觀的生理條件。

在書中，卡內基以自己對人性的獨到洞察力，利用許多普通人不斷努力獲得成功的故事，喚起每個人內心蘊含的潛能，激勵一代又一代的人走向成功。

卡內基說：「我受人歡迎，我獲得快樂，我的經濟收入有所增加，就是因為我瞭解如何處理人際關係的技巧。」針對如何獲得友誼和影響別人而言，卡內基在書中使用名人的生活經歷來勸說讀者：批評別人這種方式，對處理人際關係沒有任何好處。

正如卡內基所言：「一個人的成功，只有十五％歸於他的專業知識，還有八五％歸於他表達思想、領導別人、喚起別人熱情的能力。」只要你不斷反覆研讀，它會幫助你獲取成功必備的八五％的能力。

目錄

第二章 讓你受歡迎的六項法則

第三章 獲取信任的十二種方法

一第四章一
說服別人的八種方法

第一章

為人處世的基本技巧

How to Win
Friends and Influence People
Carnegie

不要批評、責怪、抱怨，發自內心地讚賞別人。誠懇地讚賞別人，是待人成功的秘訣。人類天性中最深切的衝動，就是「成為重要人物的欲望」。

表現自己，是人性最主要的需要。忘記自己，多對別人感興趣，每天做一件可以帶給別人喜悅的事情。知悉對方的想法，學會關心和幫助別人。

不要批評、責怪、抱怨

一九三一年五月七日，紐約市民看到一次從未見過、駭人聽聞的圍捕格鬥！凶手菸酒不沾，有「雙槍」之稱，是名叫克勞利的罪犯。他被包圍，陷落在西尾街——他情人的公寓裡。

一百五十位警方人員，把克勞利包圍在他公寓頂層的藏身處。他們在屋頂鑿出一個洞，試圖用催淚毒氣把克勞利薰出來。警方人員把機槍安置在附近周圍的建築物上，經過一個多小時的時間，這個紐約市裡原來清靜的住宅區，響起驚心刺耳的機槍聲和手槍聲。克勞利藏在一張堆滿雜物的椅子後面，手持短槍，接連地向警方人員射擊。上萬的人，懷著激動而興奮的心情，觀看這幕警匪格鬥的場面。住在紐約的人都知道，從來沒有發生這樣的變故。

克勞利被逮捕以後，警察局長穆羅尼指出：這個暴徒是紐約治安史上，最危險的一個罪犯。這位警察局長又說：「克勞利殺人，就像切蔥一樣……他會被判處死刑！」

可是，「雙槍」克勞利認為自己是什麼樣的人？警方人員圍擊他藏身的公寓，他寫了一封公開信，寫信的時候因為傷口流血，使那封信上留下他的血跡！克勞利的信這樣寫著：「在我的衣服裡，是一顆疲憊的心——那是仁慈的，不願意傷害任何人的心。」

在發生這件事情不久以前，克勞利駕著汽車在長島一條公路上，跟一個女伴調情。那個時候，突然走來一個警察，來到他停著的汽車旁邊，說：「讓我看看你的駕駛執照。」

克勞利不說一句話，拔出他的手槍，朝著那個警察連開數槍，那個警察倒地而死。接著，克勞利從汽車裡跳出來，撿起警察的手槍，又朝著地上這具屍體開槍。這就是克勞利所說：「在我的衣服裡，是一顆疲憊的心——那是仁慈的，不願意傷害任何人的心。」

克勞利被判處死刑坐電椅，他走進受刑室，你想他會說：「這是我殺人作惡的下場？」不，他說的是：「我是因為要保衛自己，才會這樣做。」

這個故事的含義是：「雙槍」克勞利對自己沒有任何責備。

那是罪犯中一種常見的態度？如果你是這樣想，再看看以下這些話：

「我把一生中最好的歲月給人們，使他們獲得幸福愉快，過著舒服的日子，我得到的只是侮辱，一個遭人搜捕的人。」

這是卡彭說的話。他是美國的頭號要犯，橫行在芝加哥一帶，是一個最凶惡的匪首。可是，他認為自己是一個有益於人們的人——一個沒有受到讚許，卻被人誤會的人。

休斯在紐約被槍彈擊倒以前，也有這樣的表示。他接受新聞記者採訪的時候說，自己是一個有益於人們的人。其實，他在紐約是一個令人髮指的罪犯。

我曾經和星星監獄的典獄長路易斯・勞斯，有一次有趣的通信。他說：「在星星監獄中，很少有罪犯承認自己是壞人，他們的人性就跟我們一樣，他們有一些想法和解釋。他們會告訴你，為什麼要撬開保險箱，或是開槍傷害別人，甚至為自己辯護反社會的行為，因此堅持不應該把他們囚禁起來。」

如果卡彭、「雙槍」克勞利、休斯，以及在監獄中的暴徒，完全不自責，歸咎在自己身上……我們接觸的人又會如何？

已故的沃納梅克，有一次這樣說：「三十年以前我就明白，責備別人是愚蠢的事情，我即使不抱怨上帝沒有將智慧均勻分配，可是我對克制自己的缺陷已經感到非常吃力。」

沃納梅克很早就學到這一課，可是我在這個古老的世界上，盲目地行走三十多年，然後才幡然醒悟……

一百次之中有九十九次，沒有人會為了任何事情而批評自己，無論錯誤到何種程度。

批評是沒有用的，它會使人們增加一層防禦，而且竭力地為自己辯護。批評也是危險的，它會傷害一個人自尊和自重的感覺，並且激起他的反抗。

德國軍隊裡的士兵們，在發生某件事情以後，不准立刻申訴，必須懷著滿肚子的怨氣睡去，直到這股怨氣消失，如果立刻申訴，就會受到處罰。在我們日常生活中，似乎也有這個規律的必要——就像嘀咕抱怨的父母、喋喋不休的妻子、斥責怒罵的老闆……以及那些吹毛求疵、令人討厭的人。

從上千年的歷史中，可以找出很多對「批評」毫無效果的例子。羅斯福和塔虎脫著名的爭論：這個爭論分裂共和黨，進而使威爾遜進入白宮，讓他在第一次世界大戰中留下勇敢而光榮的史蹟，並且改變歷史的趨勢。

讓我們快速地追敘當時的情形：

一九〇八年，羅斯福離開白宮，使塔虎脫當上總統，自己去非洲狩獵獅子。他回來的時候，情況發生了：他指責塔虎脫守舊，想要自己連任第三任總統，並且成立「進步黨」。這樣一來，幾乎毀滅共和黨。那次選舉的時候，塔虎脫和共和黨只獲得兩個州的贊助——「佛蒙特」和「猶他」，這是共和黨一次最大的失敗。

羅斯福責備塔虎脫，可是塔虎脫有沒有責備自己？當然沒有。塔虎脫的眼中含著淚水，說：「我不知道應該怎麼做，才可以和我已經做的有所不同。」

究竟是誰做錯了？我不知道，也不需要關心。但是我要指出一點：羅斯福所有的批評，沒有使塔虎脫覺得自己不對，只會使他盡力為自己辯護，眼中含著淚水，反覆地說：「我不知道應該怎麼做，才可以和我已經做的有所不同。」

還記得曾經赫赫有名的煤油弊案嗎？它使輿論憤怒很多年，震撼整個國家！在任何人的記憶裡，美國公務歷史上，從來沒有發生這類的情形。

以下是這件弊案的事實經過：

艾伯特．富爾，是哈定總統任內的內政部長，當時委派他處理政府在埃爾克山和蒂波特油田保留地出租事宜。那塊油田，是政府預備未來海軍用油的保留地。

富爾是不是公開招標？不，不是那麼回事，富爾把這份豐厚的合約，直接給自己的朋友多赫尼。多赫尼又是怎麼做的？他把自己願意稱為「債款」的十萬美元，交給這位富爾部長。

然後，富爾用高壓的手段，命令美國海軍進駐那個地區，把那些競爭者趕走，因為他們的鄰近油井，吸吮埃爾克山的財富。保留地上那些競爭者，在槍桿刀光下被趕走，可是他們不甘心，跑進法院，揭發這件弊案。這件弊案發生以後，影響之惡劣，幾乎毀滅哈定總統的行政組織，全國一片譁然，共和黨幾乎垮台，富爾被判刑入獄。

富爾被斥責得焦頭爛額——在公務生活中，很少有人被這樣譴責！他後悔嗎？不，完全沒有！

幾年以後，胡佛在一次公開演講中暗示，哈定總統的去世，是由於神經的刺激和內心的憂慮，因為有一個朋友曾經出賣他。當時，富爾的妻子也在座，聽到這句話以後，立刻從椅子上跳起來。她失聲大哭，緊緊握著拳頭，大聲說：「什麼……哈定是被富爾出賣的？不，我的丈夫從未辜負任何人。即使這間屋子已經堆滿黃金，也無法誘惑他做壞事。他是被別人所負，才會走向刑場，被釘上十字架。」

你可以明白這個情形，人類自然的天性是：犯錯的時候，只會責怪別人，不會責怪自己，每個人都是如此。所以，想要批評別人的時候，先想想卡彭、克勞利、富爾這些人。

批評就像飼養的鴿子，牠們永遠會飛回家。我們必須瞭解，自己想要譴責的人，他們也會為自己辯護，進而反過來譴責我們。就像溫和的塔虎脫，他會這樣說：「我不知道應該怎麼做，才可以和我已經做的有所不同。」

一八六五年四月十五日，星期六的早晨，林肯躺在一個簡陋公寓的臥室中，這個公寓就在他遭到狙擊的福特戲院對面。林肯瘦長的身體，躺在一張短而往下沉的床上，靠床的牆壁掛著一幅博納「馬市」的複製畫，一盞煤氣燈散發出幽暗的光亮。

林肯即將離世的時候，陸軍部長史坦頓說：「躺在那裡的，是世界上最完美的元首。」

林肯待人成功的秘訣是什麼？我曾經花費十年的時間，研究林肯的一生，又花費三年的時間，撰寫一部關於他的書，我把這部書取名為《人們對林肯尚未清楚的一面》。

我相信自己詳細研究關於林肯的品格和他的家庭生活，已經到達任何人可以做到的極限。我又找出關於林肯待人的方法，進行特殊的研究。林肯是否曾經批評別人？是的，他年輕的時候，在印第安納州的鴿溪谷，不僅任意批評別人，而且寫信作詩譏笑別人。他把寫好的東西扔到一定會被人撿到的路上，其中有一封信，引起人們對他的反感。

林肯在伊利諾州的春田市擔任律師以後，還是在報紙上發表文章，公開攻擊反對自己的人，但是他只做了一次這樣的事情。

一八四二年秋天，林肯譏笑一個自大好鬥的愛爾蘭政客，這個人叫做希爾茲。林肯在春田市的報紙上，刊登一封匿名信諷刺他，使全鎮的人哄然大笑。希爾茲平時敏感而自豪，這件事情激起他的怒火，查出是誰寫這封信的時候，他立刻去找林肯，要和他進行決鬥。

林肯不想決鬥，可是為了自己的面子，又無法避免。希爾茲讓他選用武器，他的手臂特別長，就選用馬隊用的大刀，並且向一位西點軍校的畢業生學習刀戰。到了指定的日期，他和希爾茲在密西西比河的灘上，準備進行決鬥。就在最後一分鐘，雙方的朋友趕到，才阻止這場決鬥。

這次對林肯來說，是一件最驚人、最恐怖的事情。在林肯待人的藝術上，卻給他一個寶貴的教訓。從此以後，他不再寫凌辱別人的信，不再譏笑別人，幾乎從來不為任何事情而批評別人。

美國內戰的時候，林肯屢次委派新將領，統率「波多馬克」軍隊，可是都遭遇慘敗……林肯懷著失望而沉重的心情，獨自在屋子裡踱步。全國幾乎有半數的人，指責這些無法勝任的將領，可是林肯保持平和態度。他最喜歡的一句格言，就是——「不要批評別人，以免被別人批評。」

林肯的妻子和朋友刻薄地談論南方人的時候，林肯總是這樣告誡：「不要批評他們，我們在相同的情形下，也會像他們一樣。」

可是，如果有人有機會批評，那就是林肯，看看以下這個例證：

七月四日晚上，南方李將軍開始向南邊撤退。當時，全國洪水氾濫成災，李將軍帶領軍隊到達波多馬克的時候，看到前面河水暴漲，使他們無法過去，勝利的聯軍就在後面。李將軍和他的軍隊進退維谷，處於被圍困中。

林肯知道這是一個很好的機會，俘虜李將軍的軍隊，就可以結束這場戰爭。林肯滿懷希望，命令米德不必召開軍事會議，立刻襲擊李將軍的軍隊。林肯先用電報發出命令，然後派出特使，要米德立刻採取行動。

可是這位米德將軍採取的行動，與林肯的命令相反。他召開一個軍事會議，違反林肯的命令，並且遲疑不決地加以延宕。米德用各種藉口覆電，實際上是拒絕襲擊李將軍。最後，河水降退，李將軍和他的軍隊逃過波多馬克。

「米德這樣做是什麼用意？」林肯知道以後，震怒至極，對自己的兒子說：「老天爺，這是什麼意思……李將軍已經在我們的掌握中，只要我們伸手，他們就是我們的……在那種情形下，任何將領都可以帶兵把李將軍打敗，如果我自己去，已經把他捉住了。」

在悲痛和失望之下，林肯寫一封信給米德。林肯在自己一生的這段時間中，用字非常拘謹，所以在一八六三年，這封信出自林肯手筆，應該是最嚴厲的斥責。這封信的內容是這樣的——

親愛的將軍：

我不相信你可以體會，由於李將軍的逃脫，所引起的不幸事件和重大關係。他已經在我們的掌握中，如果將他捕獲，再加上最近我們其他地方的勝利，立刻可以結束這場戰爭。

可是依照現在的情形來推斷，戰事將會無限期地延長下去。上個星期一，你無法順利襲擊李將軍，又如何可以再向他襲擊……我不期望你現在會有多麼大的成功，因為你已經讓黃金般珍貴的機會消失，使我感到無限悲痛。

根據你的猜想，米德看到這封信以後，會有什麼反應？

米德從來沒有看到這封信，因為林肯沒有把這封信寄出去。這封信是在林肯去世以後，在他的文件中發現的。

我有這樣的想法——這只是我的猜想。林肯寫了這封信以後，望著窗外喃喃自語：

「等一下，或許我不能這樣匆忙。我坐在寧靜的白宮裡，命令米德進攻，這是一件非常簡單的事情，可是如果我到了蓋茲堡，看到米德上個星期看到的血跡，聽到死傷者的呼叫和呻吟，或許也不會急於向李將軍進攻……如果我也有跟米德一樣懦弱的個性，或許我做的會跟他做的完全相同。」

「現在，木已成舟，無法挽回。如果我把這封信寄出去，可以解除心裡的不愉快，可是米德也會為自己辯護。在那種情形下，他會譴責我，引起他對我的反感，而且會損傷他以後做司令官的威信，甚至會逼迫他辭去軍隊的職務。」

最終，林肯沒有把信寄出去，而是放在一邊。因為林肯從痛苦的經驗中知道，尖銳的批評和斥責，永遠不會有好效果。

羅斯福總統曾經說，自己任職總統遇到難以解決的問題，會把椅子往後面靠，仰起頭，看著書桌壁上那幅很大的林肯畫像。他這樣問自己：「如果林肯處在我現在這種困難下，他會怎麼做？他會如何解決這個問題？」

如果想要批評別人的時候，讓我們從口袋拿出一張五美元的鈔票，看看鈔票上林肯的頭像，這樣問自己：「如果林肯遇到這種事情，將會如何處置？」

你認識的人，你願意他改變和調整或是進步嗎？是的，那是最好不過的。可是為什麼不從自己開始？從自私的立場來說，從自己開始比改進別人獲益更多。

「一個人爭論和激辯的時候」，鮑寧這樣說，「他在某些方面已經不是尋常的。」

我年輕的時候，想要讓別人知道我，曾經寫一封信，給美國文壇上一位極富聲譽的作家，他叫做戴維斯。那個時候，我準備為一家雜誌社寫一些關於文壇作家的文章，所以我請戴維斯告訴我，關於他寫作的方法。

幾個星期以後，我收到一封信，信上附注一句：「信係口述，未經重讀。」看到這句話以後，引起我的注意，相信寫這封信的人，是一位事務繁忙的大人物，但是我一點也不忙。可是我急於引起這位作家的注意，寫一封簡短的回信以後，後面也加上一句：「信係口述，未經重讀。」

戴維斯不屑再給我回信，只是把那封信退回來，可是下面潦草地寫著幾個字：「你的態度不恭，無以復加。」

是的，我做錯了，或許我應該得到這樣的斥責。可是，人性使然，我非常痛恨他，對他懷著極度的憤恨。甚至十年以後，我知道戴維斯去世的消息，心裡還是恨著他。但是我羞於承認，就是他給我的傷痕。

如果你明天要激起一股憤恨，使人們痛恨你十年，直到死去，我們可以放任一些對人們具有刺激性的批評。我們要應付一個人的時候，應該記住：我們不是應付理論的動物，而是應付感情的動物。批評是一種危險的導火線——一種可以使自尊的火藥庫爆炸的導火線。有時候，這種爆炸會置人於死地。就有這樣的例子：胡特將軍受到人們的批評，又不被允許帶兵去法國，對他自尊的打擊，幾乎縮短他的壽命。苛刻的批評，曾經使敏銳的哈代——他是一位英國文壇上非常出色的作家——永遠放棄執筆寫小說的勇氣。

富蘭克林年輕的時候不是很聰明，可是後來成為很有手腕和待人處世很有技巧的人，甚至擔任美國駐法國的大使。他成功的秘訣是：「我不會說任何人的壞話！」他又這樣說，「但是說我知道的每個人的好話！」

任何一個愚蠢的人，都會批評別人、斥責別人、抱怨別人。同時，也是絕大多數愚蠢的人才會這樣做。但是如果要寬恕和瞭解，就要在品格和克己上下功夫。

卡萊爾曾經這樣說：「要顯示一個偉大人物的偉大之處，就要看他如何對待一個卑微的人。」正如強森博士所說：「即使是上帝，在末日來臨之前，也不會輕易審判世人！」

我們為什麼要批評別人？

不要批評、責怪、抱怨。

發自內心地讚賞別人

世界上只有一個方法，可以使任何人去做任何事情，你有沒有靜下心來，想過這件事情？是的，只有這個方法，那就是：使人們自願去做那件事情。

記住，再也沒有其他方法。

你可以用一把左輪手槍，對著一個人的胸脯，那個人會乖乖地把手錶給你。你可以用恐嚇解雇的方法——在你尚未轉身過來以前——叫一個雇用的人跟你合作。你可以用鞭笞或是恐嚇，讓一個孩子去做你要他做的事情。可是這些粗笨的方法，都有非常不利的反應。

我可以讓你去做任何事情的唯一方法，就是：把你需要的給你。

你要什麼？

二十世紀，維也納一位最負盛名的心理學家——佛洛伊德博士曾經這樣說：所有我們做出的事情，都是起源於兩種動機：性的衝動，以及可以成為偉人的欲望。

美國一位著名的哲學家——杜威教授，對以上使用的這個字句，有其不同的見解。杜威教授說：人類天性中最深切的衝動，就是「成為重要人物的欲望」。

記住「成為重要人物的欲望」這句話是很重要的，你在這本書中會看到很多關於它的語句。你要什麼？不是很多的東西，可是真正需要的幾種東西，你不容拒絕地堅持要追求。每個正常的成人幾乎都想要：

一、健康和生命的保護。
二、食物。
三、睡眠。
四、金錢和金錢可以買到的。
五、生命的後顧無憂。
六、性生活的滿足。
七、孩子們的健康。
八、自重感。

這些欲望幾乎都可以滿足，可是其中有一種欲望，與食物和睡眠一樣，既深切又難以滿足，那就是佛洛伊德說的「成為偉人的欲望」，也就是杜威說的「成為重要人物的欲望」。

有一次，林肯寫信開頭就說：「每個人都喜歡被別人恭維。」威廉・詹姆斯也這樣說：「人類天性至深的本質，就是渴求被別人重視。」他不是說「希望」、「欲望」、「渴望」，而是說「渴求」。

這是一種痛苦而且亟待解決的人類「饑餓」，如果可以誠摯地滿足這種內心饑餓的人，就可以將人們掌握在手中。

尋求自重感的欲望，是人類和動物之間一個重要的差別。

那個時候，我是密蘇里的一個農家兒童，我的父親飼養一種品種優良的豬和一種白臉牛。我們經常在牲口展覽會上，展示我們的豬和白臉牛，曾經獲得幾十次的頭獎。

我的父親把藍緞帶的獎章，用針縫在一條白布上，親戚和朋友來我們家的時候，父親就會拿出這條白布，我握著這一端，他握著那一端，將中頭獎的藍緞帶讓親戚和朋友觀賞。

豬和牛不在乎牠們贏得的藍緞帶，可是父親卻十分重視，因為這些獎品為他帶來「自重」的感覺。

假如我們的祖先，沒有這種「自重感」熾烈的衝動，我們不會有文化，就跟其他動物差不多。

就是這種自重感的欲望，刺激一個沒有受過良好教育、在一家雜貨店工作的貧困店員，翻遍堆滿雜貨的木桶，找出自己用五分錢買的法律書籍，下定決心去研究。你或許聽過這家雜貨店的店員，他的名字叫做林肯。

這種自重感的欲望，激發狄更斯寫出不朽的名著；這種自重感的欲望，使華倫完成自己的設計。同時，由於這種自重感的欲望，使洛克菲勒累積一輩子花不完的錢。也就是這種欲望，使城裡的富豪建造一座自己需要的房子。

這種欲望，可以使你穿上最新穎的服飾，駕駛最漂亮的轎車，談論自己聰明伶俐的孩子。

也就是這種欲望，使一些青少年成為盜匪。前任警察局長穆羅尼曾經這樣說：「現在的年輕罪犯，充滿對虛名的盲目追求，他們被逮捕以後的第一個要求，就是要閱讀把他們寫為英雄的那種不入流的報紙。他們只要可以看到自己的相片，就像跟愛因斯坦、林白、托斯卡尼、羅斯福等名人一樣在報紙上佔到篇幅，完全沒有想過，進入受刑室坐電椅是怎麼回事。」

如果你告訴我，你是如何得到自重感，我就可以告訴你，你是怎樣的人。確定自己的性格，對你來說，是一件最重要的事情。

洛克菲勒捐錢在中國建造新式醫院，照顧許多自己沒有見過也永遠不會見到的窮人，藉此得到他的自重感。

反過來說，迪林傑做搶匪、搶銀行、殺人，也是在滿足自重感。警方人員搜捕他的時候，他跑進別人的農舍裡……他以自己是頭號要犯為榮，所以他大聲地說：「我是迪林傑……我不會殺害你，我是迪林傑！」

是的，迪林傑和洛克菲勒最大的差別，就是在於他們如何獲得自己的自重感。

歷史上有很多名人為了自重感掙扎的有趣事例：甚至於華盛頓，也喜歡人們稱他為至高無上的美國總統；哥倫布向皇家請求獲得「海洋大將」和「印度總督」的頭銜；凱薩琳大帝拒絕拆閱沒有稱她「女皇陛下」的信件；林肯夫人在白宮對格蘭特夫人像一隻母老虎似的吼叫：「我沒有請你坐下之前，你怎麼可以坐在我的面前？」

有一些百萬富翁，資助伯德將軍去南極探險，附帶一個條件：用他們的名字，為一些冰山命名。那個「雨果」，甚至希望把巴黎改為自己的名字。

人們會為了取得同情、注意、「自重感」而故意裝病。

麥金萊夫人強迫自己任職美國總統的丈夫放下國家的重要事務，要他依偎在床邊，摟抱著她，撫慰她睡去。這樣需要幾個小時的時間，麥金萊夫人藉此得到她的自重感。

麥金萊夫人堅持丈夫在她治療牙齒的時候，陪同她在一起，藉此滿足牙痛的時候被注意的欲望。有一次，麥金萊和海約翰有約，讓她一個人留在牙醫那裡，使她大發脾氣。

有一次，萊因哈特夫人告訴我，有一個年輕的婦人，為了要得到自重感，裝作一個病人。萊因哈特夫人說：「有一天，這個婦人必須面對一個事實……或許是年紀的關係，使她永遠無法結婚，想到孤獨的晚年將在自己的面前展開，可以期望的事情實在太少了。」

萊因哈特夫人又說：「她躺在床上，有十年的時間。她年老的母親，每天上下三層樓，捧著盤子侍候她。有一天，這位母親由於過度疲勞，不幸倒地去世。床上的這個病人沮喪幾個星期以後，穿衣起床，身上的病也消失了。」

有一些專家宣稱：人們可能真的會發瘋，其實是要在瘋狂的幻境中，尋找冷酷的現實世界無法得到的自重感。在美國醫院中，罹患精神疾病的人數比罹患其他疾病的人數更多。如果你的年紀在十五歲以上，又住在紐約州這個地方，可能有二十分之一的機會，在自己的一生中要住七年以上的精神病院。

精神失常的原因是什麼？

沒有人可以回答那麼籠統的問題，但是我知道有一些疾病……例如性病，會破壞腦細胞，最後導致癲狂。實際上，大概有半數以上的精神疾病，可以歸源於這類的生理原因，例如：酒醉、中毒，以及由於其他原因造成的腦部傷害。

可是另外那半數——這是令人惶恐的部分——其他半數瘋狂的人，他們的腦細胞組織中沒有任何病態。在他們去世以後解剖檢驗，用最高性能的顯微鏡研究他們的腦細胞組織，發現他們的腦細胞跟我們一樣健全。

為什麼這些人會精神失常？

我曾經向一位精神病院的主治醫生提出這樣的問題，這位醫生擁有淵博的精神病理方面的知識，獲得最高的榮譽。他誠懇地對我說，自己不知道人們為什麼會精神失常，可是他做出這樣的解釋：許多精神失常的人，在自己的瘋癲中，找到真實世界無法獲得的自重感。這位醫生告訴我一個真實故事：「我有一個病人，她的婚姻是一場悲劇，她需要愛情、孩子、社會上的聲望。可是現實的生活，沒有賦予她夢幻中的希望。丈夫不愛她，甚至拒絕跟她一起用餐，強迫她服侍自己在樓上房間吃飯。她沒有孩子，沒有社會地位。這些因素造成她精神失常，在瘋癲夢幻中，她已經跟丈夫離婚，恢復少女時期的名字。現在，她相信自己，已經嫁給英國貴族，並且堅持要人們稱她為史密斯夫人。

至於她希望的孩子，現在她的幻想中已經有了。每次我去看她的時候，她都會說：『醫生，我昨天晚上生了一個孩子。』」

這個故事悲慘嗎？我不知道。那位醫生對我說：「如果我可以伸出自己的雙手，去恢復她的意識，讓她清醒，我也不願意那樣做，她現在似乎獲得自己真正期盼的快樂。」

從整體來說，精神失常的人，似乎比一般人更快樂。既然許多人以瘋癲為快樂，他們為什麼不這樣？他們已經解決自己的問題……他們可以輕易地簽出一張百萬美元的支票給你；或是給你一封介紹信，去見一位有名的人物。在他們創造的夢境中，他們可以找到自己期望的自重感。

如果有人對自重感這樣迫切饑渴，甚至為了獲得它而精神失常，在他們尚未瘋癲以前，就給他們真誠的讚揚，那個時候我們的成就，又會產生什麼樣的奇蹟？

據我所知：有史以來，只有兩個人的年薪百萬美元——克萊斯勒和施瓦布。

安德魯・卡內基為什麼要給施瓦布年薪百萬美元，或是一天三千多美元？安德魯・卡內基給施瓦布年薪百萬美元，因為施瓦布是優秀的天才？不，不是。因為施瓦布對鋼鐵製造有特殊專長？不，也不是。

施瓦布曾經告訴我，許多在他手下做事的人，在鋼鐵製造方面比他知道得更多。施瓦布有這樣高的薪水，是因為他有特殊待人的能力。我問他是怎麼做的，這裡就是他告訴我的情形——這些話應該刻在可以永久保存的銅牌上，把這面銅牌懸掛在每個家庭、學校、商店、辦公室裡。這些話，在孩子的時候，就應該背誦下來——如果我們可以依照這些話去做，我們的生活方式就會跟過去完全不同。

施瓦布這樣說：「我認為，自己有激發他們熱忱的能力，那是我擁有的最大資源……我充分發掘每個人才能的方法，是用讚賞和鼓勵！」

施瓦布又說：「世界上最容易摧毀一個人志向，就是主管給他的批評。我從來不批評任何人，只給人們工作的激勵。我急於稱讚而遲於批評，如果說我喜歡什麼，那就是：誠於嘉許，寬於稱道。」

那是施瓦布平時做的事情，正好跟一般人相反。

一般人不喜歡某件事情，會盡量地挑剔錯誤；如果喜歡某件事情，會一句話也不說。

施瓦布還這樣說：「在我廣闊交往和與世界各地知名人士見面中，還沒有找到一個人，無論他如何偉大，地位如何崇高，被讚許比被批評的情形下，更可以成就偉大的事業。」

是的，他所說的，就是安德魯・卡內基驚人成就的顯著理由。安德魯・卡內基並非私下，而是公開地稱讚自己的同事。

他甚至在自己的墓碑上，稱讚自己的員工。這是他為自己寫的碑文：「埋葬在這裡的人，是一個知道如何跟比自己聰明的人相處的人。」

誠懇地讚賞，是洛克菲勒待人成功的秘訣。他的一個合夥人——貝德福，舉措失當，在南美洲做錯一筆生意，使公司虧損一百萬元，洛克菲勒對他沒有任何批評或指責。

他知道貝德福已經盡了最大的努力，而且這件事情已經結束。所以，他找一些可以稱讚的事情，他恭賀貝德福，幸而保住他投資金額的六〇％。洛克菲勒這樣說：「已經很好了，不會每件事情都是稱心如意的。」

齊格菲，這位閃耀於百老匯，最具驚人成就的歌舞劇家，屢次把人們不願意多看一眼，很不出色的女子，改變成舞台上一個神秘誘人的尤物。

齊格菲很實際，他增加歌女們的薪水，從每個星期三十元到一百七十五元。他也重義氣，在富麗秀歌舞劇開幕之夜，他發出賀電給劇中明星，並且贈予每個表演的歌女一朵美麗的玫瑰花。

我曾經為「流行」的絕食所迷，有六個晝夜沒有吃東西。那種情形不困難，到了第六天，似乎不比第二天感到饑餓。每個人都知道，如果有人使自己的家人或是員工六天沒有吃東西，那就是犯罪，可是他們會六天、六個星期、六十年不給自己的家人或是員工期盼的像得到食物一樣的讚美。

阿爾弗雷德・倫特在「重逢維也納」一劇中擔任主角的時候，曾經這樣說：「我最需要的東西，是我自尊的滋養。」

我們照顧孩子、朋友、員工們身體需要的營養，可是我們給他們自尊上需要的營養何等稀少。我們給他們牛排和馬鈴薯等食物，培植他們的體力，可是忽略給他們讚賞和那些溫和的言語。

有一些讀者看到這幾句話，可能會這樣說：「這是老套、恭維、阿諛、拍馬屁，我已經嘗試過那些，完全沒有用……這些對受過教育的知識份子是沒有用的。」

拍馬屁那一套，騙不了明白人，那是膚淺、自私、虛偽的，應該要失敗，而且經常失敗。可是，有些人對讚賞，出於內心的讚賞，簡直太需要了。

有一個例子：屢次結婚的迪文尼兄弟，為什麼在婚姻方面會有這樣炫耀的成功？為什麼所謂「公子哥兒」的迪文尼兄弟，可以與兩位美麗的電影明星——一位著名的歌劇主角和一位百萬富婆結婚？那是什麼原因？他們是怎麼做的？

聖約翰在自由雜誌中，曾經這樣說：「迪文尼對女人的魅力，許多年以來，是人們心裡的一個謎……」

他又說：「尼格雷這個女人可以識別男人，也是一位藝術家。有一次，她向我解釋：『他們瞭解恭維和諂媚的藝術，比我看到其他所有人還要成功。』恭維的藝術，在這個真實幽默的時代中，幾乎是一件被人們遺忘的東西。迪文尼對女人的魅力，或許就是在於此。」

讚賞和諂媚的區別——很容易識別，讚賞是真誠的，諂媚是虛偽的，一個出於由衷，一個出於嘴裡；一個是不自私的，一個是自私的；一個是為人們所欽佩的，一個是令人不恥而摒棄的。

最近，我去墨西哥城的查普爾特佩克宮，看到奧夫雷貢將軍的半身雕像。雕像的下面，刻著奧夫雷貢將軍的名言：「不要怕攻擊你的敵人，提防諂媚你的朋友。」

不！不！我不是要你們去諂媚和恭維，相差太遠了，我是在說一種生活的方法，一種新的方法。

英國國王喬治五世有一套格言，總共有六條，懸掛在白金漢宮書房的牆上。其中有一條是：「教導我不要提供或是接受卑賤的讚美」，「卑賤的讚美」就是「諂媚」的解釋。我曾經看到一句關於諂媚的話，很值得寫在這裡，那就是：「諂媚是明白地告訴別人，自己是怎麼樣的一個人。」

愛默生說：「你用任何的言語所要說的，總是離不開自己。」如果我們要做的事情，就是用恭維和諂媚使別人相信，任何人都可以學會，都可以成為「人際關係學」的專家。

我們不在思考某個特定問題的時候，經常用九五%的時間去思考自己。如果我們可以暫時不想自己，而是思考別人的優點，措辭就不會卑賤而虛偽，話尚未說出口的時候，已經可以發現是錯誤的諂媚。

愛默生又說：「所有我遇到的人，都有勝過我的地方，我會學習他們那些好地方。」

愛默生這樣的見解，是非常正確的，值得我們重視。停止思考自己的成就和需要，思考別人的優點，忘記恭維和諂媚，給予人們由衷而誠懇的讚賞。人們對你所說的，將會重視和珍惜，終生藏之背誦……即使你已經忘記這件事情，可是人們還會記住你說的話。

知悉對方的想法

一年夏天，我去緬因州釣魚。以我自己來說，我喜歡吃草莓和奶油，可是我看出，由於一些特殊的理由，水裡的魚兒喜歡吃小蟲。所以，我去釣魚的時候，我不想自己需要的，而是想牠們需要的。我不以草莓或奶油做魚餌，釣魚鉤扣上一條小蟲或是一隻蚱蜢，放進水裡，向魚兒說：「你要吃那個嗎？」

你為什麼不用同樣的常識，去「釣」一個人？

有人曾經問勞合．喬治，如何在其他戰時領袖退休以後，自己還可以身居高位？他這樣回答：「如果自己身居高位，可以歸功於一件事情，那就是：自己知道釣魚的時候，必須放對魚餌。」

為什麼我們只談論自己需要的？那是孩子氣的，不近情理的。你注意自己的需要，總是在注意，但是別人不關心你。其他人都像你一樣，他們關心的只是他們自己。

唯一可以影響別人的方法，就是談論他們需要的，而且告訴他們，如何才可以得到它。

想要別人為自己做事的時候，就要記住這句話！做一個比喻：如果不要自己的孩子抽菸，不要教訓他，只要告訴他，抽菸可能使他無法參加棒球隊，或是無法在百米競賽中獲得勝利。

無論你是應付一個孩子、一頭小牛、一隻猿猴，這是值得你注意的事情。

有一次，愛默生和兒子想要使一頭小牛走進牛棚，他們犯了人們經常犯的錯誤，只有想到自己需要的，沒有想到那頭小牛……愛默生只會推，他的兒子只會拉。那頭小牛跟他們一樣，只有想到自己需要的，所以邁開自己的腿，拒絕離開那塊草地。

旁邊那個愛爾蘭女傭看到這個情形，她雖然不會寫書作文，可是至少在這次，她瞭解牛馬牲口的感受和習性，想到這頭小牛需要的是什麼。她把自己的拇指放進小牛的嘴裡，讓小牛吸吮她的拇指，溫和地引導牠走進牛棚。

從你來到世界上這一天開始，你所有的舉動，都是為了自己，都是因為你需要什麼。

你捐助紅十字會一百元的時候，又是怎麼樣？是的，那不會是例外，你捐助紅十字會一百元，是因為你要做一項善舉，你要做一件神聖的事情……可是，或許是你不好意思拒絕，所以才會捐助；或許是因為你的顧客請你捐款。但是有一件事情是確定的：你捐款，是因為你需要什麼。

哈里・奧文斯崔教授在自己《影響人類行為》的書中說：「行動是由我們的基本欲望所產生……對於想要說服別人的人，最好的建議是：無論在商業中、家庭中、學校中、政治中，都要先激起對方某種迫切的需要。可以做到這一點，就可以左右逢源，否則就會到處碰壁。」

安德魯・卡內基早年是一個貧苦的蘇格蘭兒童，當時他的工作酬勞只有每個小時兩分錢，可是後來他救濟人們的錢有三億六千五百萬元。他很早就知道影響別人的唯一方法，就是以對方需要的來說。他只有受過四年的學校教育，可是他學會如何應付人。

他有一件啟發人心的事情：他的嫂嫂為兩個兒子憂急成病，這兩個孩子在耶魯大學念書，可能由於自己很忙而疏忽家信，沒有想到家裡憂急掛念的母親。

他知道這件事情以後，寫一封閒談的信給兩個侄子。他在信後附上一句：給他們每人寄去一張五元鈔票。

可是，他沒有把錢裝入信封。

回信很快來了，兩個侄子謝謝自己的叔叔，他們也在信中附上一句：錢沒有收到。

如果你要勸說某人去做某件事情，在你尚未開口以前，可以先問自己：「我如何可以使他做這件事情？」這個問題可以阻止我們，在匆忙之下去要求別人，以及毫無結果地談論自己的欲望。

為了舉行一個座談會，我租用紐約一家飯店的舞廳，每一季需要二十個晚上。

有一天，我突然收到那家飯店的通知，要我付三倍於過去的租金。可是我收到這個消息的時候，通告已經公布，入場券已經印發。

我不願意付出增加的租金，可是和飯店談論我需要的有什麼用？他們注意的只是自己需要的，所以過了兩天，我去找那家飯店的經理。

我向那位經理說：「我收到你的信，感到有些惶恐……我不會責怪你，如果我們易地而處，我也會寫出類似這樣的信。你的職責，是如何使這家飯店賺錢。如果你不這樣做，就會被撤去職務，而且也應該被革職。現在，我們拿出一張紙，寫上關於你的利和弊……如果你堅持要提高租金。」

我拿出一張紙，在紙的中間畫一條線，上面寫著「利」，下面寫著「弊」。

我在「利」的那一行寫上「舞廳閒置」幾個字，然後說：「你可以自由地出租舞廳，以作跳舞或集會之用，那是一筆很大的收入。如果是這種情形，你的收入會比租給一個以演講集會為用途的收入更多。如果我在這一季佔用舞廳二十個晚上，你會失去一些很賺錢的生意。」

我又說：「現在，我們來討論另一方面……我無法接受你的要求，減少你的收入。對我來說，因為無法付出你需要的租金，只能在其他地方舉行演講。可是，另外有一個事實，我相信你應該想到的。這個座談會，使上層社會知識份子來這家飯店，對你來說，是不是進行一次成功的廣告？事實上，如果你付出五千元的廣告費，也不會有那麼多人來這家飯店，對你來說很有價值，是不是？」

我說這些話的時候，把這兩種情形寫在紙上，然後把那張紙交給經理，又說：「這兩種情形，希望你仔細考慮，做出最後決定的時候，給我一個答覆。」

第二天，我收到那位經理的回覆，通知我租金提高五〇%，而不是三〇〇%。請注意，我沒有說出關於要減少租金的隻字片語。我所說的，都是對方需要的和他應該如何得到它。

如果我按照一般人的做法，闖進這位經理的辦公室，跟他理論。我可以這樣說：「通告已經公布了，入場券已經印好了，突然提高三倍的租金，那是什麼意思？三〇〇%，太可笑了……不近情理，我不付！」

在這種情形下，又會如何？爭論和辯論就要開始沸騰！結果又會如何？即使我指出的情形，這位經理相信自己是錯誤的，可是由於他的自尊，會使他感到承認自己的錯誤很困難。

關於人與人之間建立關係的藝術，這裡有一個很好的建議。亨利．福特曾經這樣說：「如果有一個成功秘訣，那就是：如何得到對方『立場』的能力，從他的觀點設想，就像從你的觀點一樣。」

是的，我把福特的話再說一遍：「如果有一個成功秘訣，那就是：如何得到對方『立場』的能力，從他的觀點設想，就像從你的觀點一樣。」這樣的簡單，這樣的明顯，任何人都可以找出其中的道理。可是，世界上九〇%的人在九〇%的時候忽略這件事情。

可以舉出一些例子來說明嗎？看看明天早上你桌上的來信吧！你可以看出，很多人違反這種常識的規則。以下面這封信來說，那是一家極具規模的廣告公司的廣播節目經理，寫給全國各個廣播電台負責人的信。（我在括弧中的註明，是對每一節文句的反應。）

約翰．布蘭克先生

布蘭克維爾報

印第安納

親愛的××先生：

本公司希望在廣播節目中，可以保持廣告業務的領袖地位。

（誰關心你公司的希望？我正在為自己的問題而煩惱！銀行要取消我房產的抵押貸款……蝗蟲正在損害我的花草……昨天交易市場混亂……今天早上，我沒有趕上八點十五分的火車……昨天晚上，瓊斯舉辦舞會沒有邀請我……醫生說我有高血壓和神經炎的毛病……）

本公司全國廣告的客戶，是初步營業網的保障，我們以後需要的廣播時間，已經保持我們每年在各家公司之上。

（你自大，炫耀有錢，正在巔峰狀態，對不對？又怎麼樣？如果你像通用汽車公司、奇異公司、美國陸軍總部合起來那麼大，我也不理會。如果你只是一知半解，就應該知道，我只關心自己有多大，而不是你有多大。）

我們希望以廣播電台最近的消息，服務我們的客戶。

（「你」希望！「你」希望！你這頭蠢驢。我不是注意「你」希望的，或是墨索里尼希望的，或是克羅斯比希望的，我直接告訴你，我只注意「我」希望的……在你這封不近情理的信中，沒有提到這樣的字眼。）

所以，是否可以將本公司列入優先名單。

（「優先名單」，你為公司自吹自擂，使我感到自己那麼渺小……你要我將你列入優先名單，你需要的時候，竟然也不說「請」字。）

即予復函，將你們最近的活動提供給我們，以對彼此有益。

（你這個笨蛋，寄一封普通的複印信給我，是一封分發各地的通知信——就像秋天的落葉那麼多。你要我在房產抵押、血壓太高的時候，坐下來寫一封信，回覆你那封複印的信，而且還要我「即予復函」。「即予」是什麼意思？難道你不知道，我跟你一樣忙。我問你，誰交給你這個「權力」來吩咐我？你說「對彼此有益」，你終於提到我的立場，可是如何對我有益，你卻模糊不清，沒有詳細說明。）

隨信附上布蘭克維爾報複印本，如果願意在節目上廣播，可供參考。

（在你這則附文中，提到可以幫助我解決一個問題的事情，為什麼不用這些，作為這封信的開端？可是，又有什麼用？任何廣告公司的人，犯了像你寄來這封信中那種愚蠢的錯誤，腦神經一定不正常。）

如果有一個致力於廣告事業的人，以為自己有影響別人的力量，可是寫出那樣的一封信，我們如何可以給他更高的評價？

這裡有另一封信，是一位很有規模的貨運站負責人寫給我的學生維米蘭先生。這封信對一個收到信的人來說，會有什麼影響？看過這封信以後，我再告訴你。

齊瑞格公司

前街二十八號

布魯克林紐約

致愛德華・維米蘭先生：

敝處外運收貨工作，由於大多數交運貨物的客戶，都在傍晚時分把貨物送到，使敝處感到非常困擾。因為這樣會引起貨運停滯，使我們員工延遲工作時間，影響卡車運送效率，形成交貨緩慢的結果。

十一月十日，我們收到貴公司交運的貨物五百一十件，送達時間是下午四點二十分。

為了減少貨物遲交而發生的不良影響，我們希望獲得貴公司充分的合作。以後如果交運大批貨物的時候，是否可以盡量提早送來，或是在上午送來一部分？

這個措施有益於貴公司業務，使你們載貨卡車可以迅速駛回，同時敝處保證，收到你們貨物以後立刻發出。

負責人××　敬啟

齊瑞格公司業務部主任維米蘭先生看過這封信以後，寫了以下的見解給我：

這封信產生的效果，與對方的原意相反。信的開端，說出對方貨運站的困難，一般來說，這不是我們注意的。接著，對方要求我們合作，可是他們完全沒有想到，是否對我們有所不便？信上結尾一段提到，如果我們合作，可以使卡車迅速駛回，而且保證我們的貨物可以在收到之日立刻發出。

換句話說，我們最注意的事情，在最後才提到，使這封信產生相反的作用，而不是合作的精神。

現在我們看看，這封信是否可以改善而重寫，我們不需要浪費時間談論自己的問題，就像亨利・福特所說，讓我們「得到對方的立場，從他的觀點設想，就像從自己的觀點一樣。」

這裡是一種修改的方法，也許不是最好，或許可以有所改善：

齊瑞格公司轉交維米蘭先生

前街二十八號

布魯克林紐約

親愛的維米蘭先生：

十四年來，貴公司是我們歡迎的客戶。對你們的照顧，我們表示非常感謝，並且願意提供你們更迅速有效的服務。可是，我們感到非常抱歉，必須談到一件事情：貴公司的卡車像十一月十日那種情形，在傍晚時分送達大批貨物，這種服務就不可能！

那是什麼原因？因為很多客戶也在傍晚時分交貨，就會發生停滯的現象。有時候，貴公司載貨卡車也會在碼頭受阻，使你們貨運延遲下來。

這個情形不好，非常不好，可是要如何避免？

那就是：如果可能，請貴公司在上午時分，把貨物送到碼頭。這個方法可以使貴公司載貨卡車迅速流動；你們交運的貨物，我們可以立刻處理。敝處的員工，每天晚上可以提早回家，品嘗貴公司出品的鮮美麵食。看過這封信以後，請勿介意，並非敝處向貴公司建議改善業務方針。這封信的目的，是使敝處可以更有效地為貴公司服務。

貴公司貨物無論何時到達，我們願意竭力迅速地為你們服務。

你處理業務很忙，請不必費神回覆！

負責人××　敬啟

現在，許多推銷員疲倦、沮喪、酬勞不足，在路上徘徊！那是什麼原因？因為他們只為自己需要的著想，卻沒有注意到，自己推銷的是不是別人需要的東西。

如果我們要買自己需要的東西，會自己出去買，原因是我們注意的，是如何解決自己的問題。假如有一個推銷員，他的商品可以幫助我們解決問題，他不必喋喋不休地向我們推銷，我們就會買他的商品。顧客喜歡覺得是自己主動購買，而不是由於推銷才購買。

很多人花費一生的時間在銷售，卻不站在顧客的立場上論事。

我住在紐約中心的「森林小丘」住宅區，有一天，我走向車站的時候，遇到一個經營房地產的代理人，他在長島一帶買賣房地產已經很多年。他對我住的那個「森林小丘」住宅區很熟悉，所以我問他，我住的那種房子是用什麼材料建造的。他回答不知道，可是說一些我知道的。關於我問他的那種情形，他說可以去問那個住宅區的詢問機構。

第二天早晨，我收到他一封信……他要把我想要知道的事情告訴我？那不需要寫信，花費六十秒時間，打電話給我就可以。但是他沒有這樣做，還是叫我去問那個詢問機構，最後卻要我讓他辦理我的保險業務。

他沒有注意到如何幫助我，只是注意到如何幫助自己。

我應該給他兩本歐文・楊著的小冊子，那是「去賜予」和「幸運的分享」。他如果看了那兩本書，又可以履行書中的哲學，相信他的收穫，有超過千倍辦理我保險的利益收入。

那些專業的人經常也會犯同樣的錯誤。那是幾年以前的事情，我去費城一位著名的喉鼻醫生的診療室。這位醫生還沒有看我的扁桃腺以前，問我的職業是什麼。他不是注意我扁桃腺的大小，而是注意我錢袋的大小。他關心的，不是幫助我解決一個問題；他關心的，是可以從我的錢袋裡得到多少錢。結果，他什麼也沒有得到……我輕視他品格的欠缺，放棄請他診斷的打算，走出他的診療室。

世界上就是充滿這些人：攫取、自私，可是那些不可多得的、不自私的、服務別人的人，卻獲得很大的利益。歐文・楊曾經這樣說：「一個人可以置身於別人的境地，可以瞭解別人的意念活動，不必考慮將來的前途如何。」

如果看這本書，只會獲得一件事情——永遠站在別人的立場去打算和設想，並且由對方的觀點去觀察事物的趨向。如果獲得這本書上的那件事情，就是自己事業轉折的關鍵。

許多人受過大學教育，鑽研深奧的學問，可是他們從未發現，自己的內心如何產生作用。

有一次，我為一家冷氣裝置公司具有大學學歷的年輕員工舉辦一種「有效力的演講技巧」的課程，我找出一項資料，做一個比喻：

有一個人要勸別人打籃球，他這樣說：「我要你們去打籃球，我喜歡籃球。可是前幾次去體育館，由於人數不足，無法分隊比賽。那個晚上，我們幾個人做擲球遊戲……不小心，我的眼睛被打紫了，可是我希望你們明天晚上來，我要打籃球。」

他可曾說，你需要什麼？你不去那個沒有人要去的體育館，是不是？你不管他要什麼，只希望不要把眼睛打紫了。

他可以告訴你，去體育館你可以得到自己需要的嗎？當然可以：激發精神、加強食欲、清晰頭腦、消遣遊戲。

我的一個學生擔心自己的孩子，原因是這個孩子體重很輕，不願意乖乖地吃東西。孩子的父母經常會責罵他，母親要他吃這個吃那個，父親要他趕快長大成人！

這個孩子會注意這些嗎？他不會注意這些，就像你不會注意那個跟自己毫不相關的宴會。

一個沒有任何常識的父親，會希望一個三歲的孩子可以對三十歲父親的見解有所反應。可是那位父親最後察覺出來，那是不合情理的。所以，他對自己說：「孩子需要的是什麼？我如何將自己需要的和他需要的連結起來？」

他開始想到那一點，問題就會容易解決。他的孩子有一輛三輪車，喜歡在屋前人行道上騎著這輛三輪車。間隔他們幾家的一個鄰居家裡，有一個「很壞」的孩子，經常把那個孩子推下三輪車，自己坐上去。

那個孩子哭著跑回來，告訴自己的母親。他的母親出來，把那個「很壞」的孩子推下三輪車，再讓自己的孩子坐上去。這樣的情形，每天都會發生。

這個孩子需要的是什麼？這個問題不需要進行深奧探索。他的自尊，他的憤怒，他求得自重感的欲望，這些都是他的本性中最強烈的情緒，驅使他想要把這個「很壞」的孩子的鼻子揍歪！

如果他的父親告訴他，只要吃母親要他吃的東西，他就會趕快長大，將來就可以打倒這個「很壞」的孩子。他的父親答應那件事情以後，已經不再是飲食的問題！現在，這個孩子什麼都喜歡吃，菠菜、白菜、鹹魚，以及任何其他食物。他希望自己趕快長大，打倒那個經常欺負自己的「暴徒」。

那個問題解決以後，又有一個問題困擾這位父親……這個孩子有「尿床」的壞習慣。

他跟祖母睡在一起，祖母早晨醒來，摸著床單，對他說：「強尼，昨天晚上你又做了什麼？」

強尼總是這樣回答：「不，沒有，我沒有弄濕床，那是你弄濕的。」

他的父母打他，罵他，無數次地告訴他，要他不要那樣，可是他無法改掉這個壞習慣。他的父母自問：「如何讓孩子改掉這個壞習慣？」

強尼要的是什麼？第一，他要穿像父親那樣的睡衣，不想穿像祖母那樣的睡袍。祖母已經受夠他的打擾，每天晚上無法舒服入睡，他如果改掉那個壞習慣，她願意為他買一套睡衣。第二，他要一張屬於自己的床——祖母對這件事情也不反對。

母親帶他去一家百貨公司，以目示意女售貨員說：「這位小紳士要買一些東西！」

女售貨員問：「小紳士，你要買什麼？」

他抬起腳跟，站高了一些，說：「我要為自己買一張床。」

母親看到他選的床以後，又向女售貨員使了一個眼色，她立刻說出那張床的實用性，最後他買了這張床。

床送到的當天晚上，父親回家的時候，他跑到門口，大聲地說：「爸爸，趕快上樓，看我自己買的床！」

父親看到那張床，想到施瓦布說過的話，對他點頭讚許。他問兒子：「強尼，你不會再弄濕這張床，是不是？」

「噢，不，不，」強尼搖著頭說，「我不會再弄濕這張床。」

由於自尊心的關係，這個孩子遵守自己的諾言……不再「尿床」弄濕床。因為那是他的床——他自己買的。現在，他穿上睡衣，就像一個「大人」。他要做一個「大人」，他做到了。

有一個父親叫做達奇曼，是一位電話工程師，也是我班上的學生。他遇到的困擾，是三歲的女兒不願意吃早餐。他經常對女兒責罵、請求、哄騙，但是無法收到效果。

這個女孩喜歡模仿自己的母親，似乎覺得自己已經長大了。有一天早晨，父母把她放在一張椅子上，讓她做早餐——眼前的情形，正是這個女孩心理上的需要。她在做早餐的時候，父親走進廚房，她看到父親進來，就說：「嗨，爸爸，你看——我在做早餐！」

就在那天早晨，她不需要任何人哄騙或勸誘，乖乖地吃了兩碗粥。由於她對這件事情感興趣，滿足她的自重感。做早餐的時候，她找到表現自己的機會。

威廉・溫特說：「表現自己，是人性最主要的需要。」

可是，為什麼我們在事業上，不用這種同樣的心理學？

學會關心和幫助別人

想到一個人，朋友、親人、師長，並且努力使他開心，這是治癒憂鬱症的良方。對別人好，不是一種責任，而是一種享受，因為它可以增加我們的健康與快樂。對別人好的時候，也就是對自己最好的時候。想要得到生活的快樂，不能只想到自己，應該為別人著想，因為快樂來自你為別人、別人為你。心裡裝著別人的快樂越多，自己的煩惱就會越少。

我曾經設立一個兩百美元的獎金，徵求那些「我如何戰勝憂慮」的真實故事。這項徵文有三位評審：東方航空公司總裁艾迪・瑞肯貝克、林肯紀念大學校長史都華・麥克蘭德、廣播新聞分析家卡騰博恩。我們收到的故事中，有兩篇非常精彩，無法決定誰是冠軍，我們決定把獎金平分。以下敘述的是其中一個故事——波頓的故事：

我是波頓，九歲的時候就沒有見過母親，十二歲的時候父親也去世了。

有一天，母親出門以後再也沒有回來，她帶走我的兩個妹妹。母親離家七年以後，我收到她寄來的第一封信。父親在母親離家以後的第三年，死於一次意外事故。

父親與別人在密蘇里州的一個小鎮合開一家咖啡館，父親出差的時候，他的合夥人出售咖啡館捲款潛逃。一個朋友發電報給父親，叫他盡快趕回來。倉促之中，父親在堪薩斯州的車禍中喪生。我有兩個姑姑，又老又病又窮，收留我們家三個小孩。剩下我和弟弟沒有人要，鎮上的人憐憫我們，收留我們。我們最怕別人把我們當作孤兒，但是這種恐懼是躲不過的。

我在鎮上一個窮人家寄居一陣子，但是那個時候光景不好，一家之主失業了，他們沒有能力多養我一個人。洛夫廷夫婦收容我，把我接到距離小鎮十一英里的農莊。洛夫廷先生已經七十高齡，長年臥病在床。他告訴我，只要不說謊、不偷竊、聽話，就可以跟他們住在一起。這三個戒律成為我的聖經，我絕對遵守這些規則。

我開始上學，但是第一個星期的情況糟透了。其他的孩子不斷取笑我的大鼻子，罵我笨，叫我『孤兒』。我的心裡非常難過，想要打他們一頓。但是洛夫廷先生跟我說：「永遠記住！一個真正的男人，不會隨便跟人打架。」我不跟他們打架，直到有一天，一個男孩撿起雞屎丟到我的臉上，我痛揍他一頓，並且交到幾個朋友，他們說他罪有應得。

有一天，洛夫廷夫人為我買了一頂帽子，我非常喜愛。但是，一個高年級女孩把它搶過去用來灌水，結果把帽子弄壞了。她不在乎地說，要將帽子裝滿水扣在我的榆木腦袋上，讓我開竅。我在學校沒有哭，回家以後忍不住大哭。

有一天，洛夫廷夫人把我叫過去，教導我一個化敵為友的方法。她說：「波頓，如果你先對他們感興趣，看看可以幫他們什麼忙，他們就不會再取笑你，或是叫你孤兒。」我聽了她的話，用功讀書，雖然我在班上功課最好，但是沒有人嫉妒我，因為我會幫助別人。

我教導幾個同學寫作文，其中一個同學因為害怕別人知道我在幫助他，對他的母親說自己去抓小動物，結果卻悄悄來到洛夫廷夫人家，要我幫他補習功課。我曾經幫一個同學寫讀書感想，並且用了幾個晚上的時間，幫一個女孩補習數學。

那段時間，村裡有兩個老人去世，還有一個夫人被丈夫拋棄，我成為這幾個家庭裡唯一的男人。兩年來，我總是在幫助這幾個可憐的夫人。放學以後，我去幫她們劈柴、擠牛奶、餵牲畜。現在，人們不僅不嘲笑我，反而讚揚我，我成為所有人的好朋友。我從海軍退伍回來以後，他們對我表現出真正的熱情與歡迎。我剛到家的那一天，有兩百多位鄰居來看我，甚至有人開八十英里的車來看我，他們表現出真正的關切。十三年來，再也沒有人取笑我，說我是笨蛋和孤兒。由於我總是在幫助別人，所以我現在的生活中很少有煩惱。

癱瘓在床二十三年的法蘭克・盧帕博士也有同樣的經歷。西雅圖《星報》的斯圖爾特・懷特豪斯曾經對我說：「我採訪盧帕博士很多次，我知道的人之中，就是他最無私、最會享受人生。」

這位長年臥床的病人如何享受人生？他遵從威爾斯王子的名言：「我為人們服務。」他收集很多癱瘓病人的姓名和地址，然後寫信給他們，並且組織一個病友俱樂部，讓病友們相互寫信鼓勵。最後，這個俱樂部發展成一個全國性的組織。

他躺在病床上，平均每年要寫一千四百多封信，給成百上千的病友送去歡樂。

盧帕博士與其他人最大的不同是：他有崇高的信念和神聖的使命感。他體會到奉獻精神比所有事物更偉大，並且可以給人們帶來純真的歡樂。蕭伯納說：「一個以自我為中心的人，必定陷於對生活的抱怨中，世界無法使他快樂。」

威廉・穆恩夫人在紐約開辦一所秘書學校，不到兩個星期的時間，她就擺脫憂慮。其實，一對孤兒出現在她面前的時候，她立刻就擺脫憂慮。穆恩夫人向我講述以下的故事：

五年前的冬天，我的情緒十分低落，我失去與自己共度多年幸福時光的丈夫，我的哀傷隨著聖誕節的臨近日益沉重。我從來沒有獨自過聖誕節，所以越來越恐懼聖誕節的來臨。

許多朋友邀請我與他們共度節日，但是我不敢赴約。我明白，在任何幸福家庭中，都會令我因為回憶往事而感傷，我只好謝絕他們的好意。是的，儘管我還有許多值得慶幸的事情，但是我還是被傷心淹沒了。

聖誕節當天的下午，我離開辦公室在街道上漫不經心地閒逛，希望可以忘記內心的孤單與憂慮。看著街上充滿歡樂的人群，不禁讓我觸景生情，我不敢一個人回到空蕩蕩的公寓。我漫無目的地走著，不知道應該怎麼辦，忍不住淚流滿面。一個多小時過去了，我發現自己停在公車站，我想起和丈夫曾經坐公車去探險旅行，不由自主地上了一輛迎面駛來的公車。經過哈德遜河以後不久，公車司機說：「終點站已經到了，夫人。」下車以後，我不知道自己身在何處，但是那裡非常安靜平和。

在等候回程車的時候，我去逛了住宅區，經過一座教堂的時候，優美的平安夜樂曲從裡面傳出來。我走進教堂，發現只有一個風琴手在盡情地彈奏。我靜坐在教友席上，五光十色的聖誕樹很漂亮，音樂也很美妙，我一天都沒有吃東西，疲倦讓我瞬間進入夢鄉。醒來的時候，我不知道自己身在何處。這個時候，我發現有兩個小孩站在我的面前，他們是來看聖誕樹的。其中一個女孩指著我說：「她是和聖誕老人一起來的吧！」我醒來的時候，顯然也把他們嚇一跳。我對他們說：「孩子，不要怕，我是一個好人。」

他們衣衫襤褸，我問他們：「你們的父母呢？」他們回答：「我們是孤兒。」聽到這裡，我感到很慚愧，這兩個孩子的情況比我更悲慘。我帶他們去觀賞聖誕樹，帶他們去商店買糖果、食物、禮物。我的悲傷和孤獨立刻消失，他們讓我感受到幾個月以來第一次真正的關懷與快樂。我透過跟他們交談，發現自己是一個幸運兒。我由衷地感謝上帝，兒時我的聖誕節過得那麼愉快，總是享受父母的疼愛與呵護，這兩個孩子給我的比我給他們的更多。這次的經歷讓我瞭解：想要使自己快樂，只有先讓別人快樂。我發現，快樂具有感染力，幫助別人和關愛別人，使我克服憂慮和悲傷。我確實改變很多，這種改變，我還是受用至今。

我可以寫一本因為幫助別人而找回健康快樂的書，這種故事不勝枚舉。我們先來看看瑪格麗特・泰勒・葉慈的故事，她是最受美國海軍歡迎的女士。葉慈夫人是一位作家，但是發生在她身上的故事比她寫的小說更真實和精彩。故事發生在日軍偷襲珍珠港的當天早晨，葉慈夫人由於心臟病的緣故，一年多來臥病在床，每天有二十二個小時在床上度過。她可以走的最長的路，是從房間到花園去曬太陽。即使如此，她還是要依靠女傭扶著才可以走到花園，她這樣講述：

當時，我認為自己下半生就這樣癱在床上。要不是日軍偷襲珍珠港，我幾乎不可能再次投入到生活的懷抱。轟炸開始的時候，一片混亂。一枚炸彈正好落到我家旁邊，我被震到床下。軍隊派汽車接軍人的家屬到學校躲避，紅十字會的人知道我的床邊有一部電話，希望我幫忙做聯絡工作。於是，我開始記錄那些海軍和陸軍的家屬現在流落何處，紅十字會的人會通知那些軍人打電話到我這裡，查詢他們家人的情況。我很快得知自己的丈夫是安全的，我鼓勵那些不知道自己丈夫生死的夫人，也安慰那些一夜之間變成寡婦的夫人。

此次犧牲的官兵，總共兩千一百一十七人，另外有九百六十人下落不明。剛開始的時候，我躺在床上接聽電話，後來我坐起來了。最後，由於忙碌和緊張，我竟然將自己的病情忘得一乾二淨，下床坐到桌邊，幫助那些比我更悲慘的人們，也不必再躺在床上。這樣一來，我每天要工作十六個小時。後來我發現，要不是日軍偷襲珍珠港，可能我的下半生都要在床上虛度。我每天舒服地躺在床上，只是消極地生活。現在，我明白那個時候自己失去恢復的信念與希望。日軍偷襲珍珠港，是美國歷史上的慘劇，但是對我而言，卻是改變一生的大事。這次的災難讓我發現自己不曾知曉的力量，它讓我從關注自己轉移到關注別人。它也給我繼續生活下去的信心，使我沒有時間去關注或可憐自己的疾病。忘記自己，讓我獲得有意義的新生。

有心理障礙的病人如果可以像葉慈夫人那樣去關心和幫助別人，至少有三分之一的人會痊癒。這不是我的一家之言，著名心理學家榮格說：「我的病患中，有三分之一以上在醫學上找不出任何病因，他們只是不知道生活的意義在哪裡。他們以自己為中心，只關注自己。」換句話說，他們的一生只想搭便車，迫使他們只好求助於心理醫生。他們沒有趕上那艘已經開走的渡輪，開始責怪碼頭上的所有人，除了自己，他們以自己為中心，要求全世界為他們服務。

你現在可能會說：「這些事情有什麼值得大驚小怪，假如在聖誕節遇到孤兒，我也會照顧他們。假如我遭遇珍珠港事件，也會像葉慈夫人一樣去做那些善事。然而，我的情況畢竟與他們不同。我的生活非常平淡，每天按部就班地工作八個小時，從來沒有發現任何有趣的事情。我怎麼可能有興趣去關心和幫助別人？我為什麼要幫助別人？這些對我有什麼好處？」

這樣的想法正常嗎？讓我來回答你的那些問題。無論你的人生多麼乏味，每天還是會與人相遇，你會如何對待他們？視若無睹，還是想要跟他們聊天？例如郵差，一天要走幾百英里的路程為人們送信，你是否關心他住在哪裡？你是否瞭解他的妻子和孩子的狀況？你曾經詢問他是否感到疲憊或枯燥？

你曾經留意售貨員、送報生、擦鞋工嗎？他們也和我們一樣是人，也有苦悶和夢想以及對未來的抱負，他們也希望和別人交流，你是否為他們提供這樣的機會？是否對他們的生活表示關心？

不是要變成南丁格爾或是社會變革者，才可以造福這個世界，你可以從明天遇到的第一個人開始，學會關心和幫助別人。

這樣做，對你有什麼好處？當然，讓你更快樂、更滿足、更自豪。亞里斯多德把這種觀念稱為「開明的自私觀念」，宗教學者左羅斯特說：「對別人好不是壓力，而是應該被看作是一種享受，因為它可以使你健康快樂。」富蘭克林說得更簡單：「取悅別人，事實上是取悅自己。」紐約心理服務中心主任林克曾經說：「我認為，現代心理學最重要的成果，就是科學地證明為了實現自我價值與獲得快樂，付出與律己非常必要。」

多為別人著想，不僅可以減少煩惱，也可以使自己認識更多朋友，獲得更多歡樂。耶魯大學的威廉・菲爾普斯教授曾經對我說：

我到飯店、理髮店、商店的時候，都會和自己遇到的那些人交談。我要讓他們感覺到，他們是受人敬重的人，而不是一台機器上的工具。在理髮店裡，我會稱讚女服務生眼睛或頭髮非常漂亮。我會詢問他們理髮的時候站著累不累，在這個行業做了多久，大概為多少人理過頭髮，我和他們一起計算。我發現，對他們做的事情感興趣，會給他們帶來很大的快樂。我經常和行李搬運工人握手，這讓他們在忙碌的時候感到輕鬆愉快。

在一個炎熱的夏天，我乘車旅行，到餐車上吃午餐的時候，那裡非常擁擠，十分悶熱，服務生忙不過來。服務生把菜單遞給我的時候，我對他說：「天氣這麼熱，今天的廚師真是辛苦啊！」服務生聽了以後，激動地說：「天啊！客人都在抱怨這裡的飯菜差、價錢貴、服務慢，而且嫌這裡熱。我聽了這些抱怨十九年，你是唯一對廚師表示理解的客人，我祈求可以有更多的客人像你一樣。」

只是因為我對廚師的工作表示認同，服務生就感到非常滿足，可見人們期待的，只是別人對自己的認同與關注。有時候，我在路上散步，遇到有人帶狗出來，我會誇獎他的狗漂亮。我回頭看的時候，經常看到那個人欣慰地撫摸自己的狗，我的讚美讓他更喜愛自己的狗。

有一次在英國，我遇見一位牧羊人，我熱情地讚美他那隻聰明伶俐的牧羊犬，請教他是如何訓練狗的。我離開以後，他愛撫著牧羊犬的頭。有人對牧羊人的狗感興趣，牧羊人會很開心，那隻牧羊犬也很開心，我自己也是。

一個經常跟搬運工人握手，又可以對廚師表示同情，或是稱讚別人的狗多麼好的人，可以想像他會終日愁眉不展而需要心理醫生嗎？一定無法想像吧！有一句中國諺語說：「送花者，手染餘香。」

當然，你有選擇的自由，可以依照自己的意思去做，但是如果你是正確的，所有的古聖先賢——耶穌、孔子、佛祖、柏拉圖、亞里斯多德、蘇格拉底就是錯誤的。也許你對宗教大師有反感，對宗教領袖不感興趣，讓我舉出幾個無神論者的例子。首先是劍橋大學的豪斯曼教授，他是一位著名的學者。一九三六年，他在劍橋大學發表《詩的表象與實質》的演說中說：

耶穌曾經說：「為我的事業付出犧牲的人們，將會獲得永生。」這是真理，也是最高貴的品格。

以前，我們是從牧師那裡聽到這句話，但是豪斯曼教授是一位無神論者。同時，他還是一位悲觀主義者，他依然告訴我們：「一個自私自利的人，不可能走向圓滿的人生。」事實上，只有在忘我地為別人服務中，才可以更充分地享受生活的樂趣。

如果這樣也無法打動你，我們再來看看二十世紀最傑出的美國無神論者——西奧多．德萊賽。他把所有的宗教都看作神話，人生只是「一齣傻瓜說的故事，沒有任何意義。」但是，他遵循耶穌的一個道理——服務別人。德萊賽曾經說：「想要從生活中得到任何快樂，不能只想到自己，而是應該為別人著想，因為快樂來自你為別人、別人為你。」如果我們真的要像德萊賽所說：「幫助別人過得更好，我們應該立刻行動，不要再浪費時間。這條道路，我只能經過一次，如果我可以做任何善事——讓我現在就做，不要讓我拖延，也不要讓我輕視，因為我再也不能回到這條道路。」

忘記自己，多對別人感興趣，每天做一件可以帶給別人喜悅的事情。

—第二章—

讓你受歡迎的六項法則

How to Win
Friends and Influence People
Carnegie

真誠地對別人產生興趣，因為沒有給別人微笑的人，更需要別人給他微笑。所以，如果你希望別人喜歡你——微笑！

記住自己接觸的每個人的名字。做一個善於靜聽的人，鼓勵別人多談論他們自己。針對別人的興趣談論，使他們感覺到自己的重要——必須真誠地這樣做。

讓你受歡迎的實用方法

為什麼要看這本書來學習如何獲得友誼？為什麼不向世界上最善於交朋友的動物學習這個技巧？牠是誰？你明天走到街上，就可以看到牠。你走近距離牠十英尺的時候，牠會搖動自己的尾巴。如果你停住腳步，輕輕拍拍牠，牠會高興得跳起來，並且對你表示牠是如何喜歡你。而且你也知道，牠這樣親密的表示以後，沒有其他的企圖，不是想賣給你一塊土地，更不是打算要跟你結婚。

你有沒有想過，狗是唯一不需要為自己的生活工作的動物？母雞要生蛋，母牛需要付出自己的奶水，金絲雀要唱歌……可是狗不需要付出任何東西來維持自己的生活，牠所有的只是「愛」。

我五歲的時候，我的父親用五毛錢，買了一條黃毛小狗給我，牠為我帶來童年的光亮和歡樂。每天下午四點三十分，牠坐在庭院前，用那對美麗的眼睛，望著前面那條小路。牠聽到我的聲音，或是看到我轉著飯盒經過樹林的時候，就會像一枝箭般地快速竄上小山，高興地跳著和叫著來歡迎我，牠叫做迪貝。

迪貝做了我五年的好朋友，在一個我永遠無法忘記的悲慘晚上，牠在距離我十英尺的地方，被雷電劈死了。迪貝的死，是我童年時期的一場悲劇！

迪貝，你從來沒有讀過心理學，也不需要去讀。由於你的智慧，瞭解一個人如果真誠地關心別人，在兩個月的時間裡交到的朋友，比讓別人對你產生興趣，在兩年的時間裡交到的朋友更多。讓我再說一遍，如果你隨時關心別人，對別人產生興趣，在兩個月的時間裡交到的朋友，比讓別人對你產生興趣，在兩年的時間裡交到的朋友更多。

然而，我們都知道，有些人終身的錯誤，就是只想別人關心他，對他產生興趣。這些都不會有結果，別人不會對我們產生興趣，也不會對任何人產生興趣，他們早晨、中午、晚上關心的只是自己。

紐約電話公司曾經做過一項調查研究，在電話中，最常用到的是什麼字，這個答案也許你猜對了，那個字就是：「我」。在五百次電話談話中，曾經用了三千九百九十個「我」字。「我」，「我」，「我」……

看到一張有你在內的團體照，你先看的是誰？

如果你以為人們會關心你，對你產生興趣，請你回答這個問題：如果你今天晚上死了，會有多少人參加你的喪禮？

除非你先關心別人，否則別人為什麼要對你產生興趣而表示關心？

拿出你的筆，把以下的話記下來：

如果我們只是想要使別人注意，讓他們對我們產生興趣，我們永遠不會有真誠的朋友。朋友，真正的朋友，不是那樣形成的。

拿破崙曾經這樣嘗試，和約瑟芬最後一次相聚的時候，他說：「約瑟芬，我曾經是世界上最幸運的人，然而在這個時候，你是這個世界上我唯一信任的人。」在歷史學家的眼光裡，拿破崙是否真正信任約瑟芬，還是一個疑問！

維也納著名的心理學家阿德勒寫過一本書，書名是《自卑與超越》。在這本書中，他說：「一個不關心別人、對別人不感興趣的人，他的生活會遭遇重大的阻礙和困難，也會給別人帶來巨大的損害和困擾。所有人類的失敗，都是由於這些人才會發生的。」

可能你已經讀過許多深奧的心理書籍，但是沒有意識到這樣重要的話，我不喜歡經常重複，可是阿德勒的話很有意義，所以我重複地寫在下面：

一個不關心別人、對別人不感興趣的人，他的生活會遭遇重大的阻礙和困難，也會給別人帶來巨大的損害和困擾。所有人類的失敗，都是由於這些人才會發生的。

我曾經在紐約大學選修短篇小說著述法的課程，在這段期間，聽過一位著名的雜誌編輯的演講。他說自己每天可以撿起桌上數十篇小說中的任何一篇，只要看過幾段以後，就可以察覺出作者是否喜歡別人。如果那個作者不喜歡別人，別人也不會喜歡他的作品。

這位飽經世故的編輯，在演講過程中，有兩次稍微停頓一下，為自己偏離主題而道歉。他說：「現在我要告訴你們的，就像你們聽牧師說的一樣，可是不要忘記，想要做一個成功的作家，必須先對別人產生興趣。」

如果寫小說的秘訣是這樣，應用在待人處世，你可以確定，更應該如此。

薩斯頓是一位成功的魔術師，他在百老匯獻技的時候，我去他的化粧室拜訪他，我們促膝談了一個晚上。四十年來，薩斯頓走遍世界各地，他驚人的魔術絕技迷倒無數的觀眾，大概有六千萬以上的觀眾看過他的表演，使他有兩百萬元的收入。

我請薩斯頓談論其成功的秘訣，他說出自己過去歷史的片段，學校教育跟他的成功完全沒有關係，幼年離家出走，成為一個流浪者，偷乘火車，睡在草堆上過夜，挨家乞討。從車窗觀看鐵路兩旁的廣告，他因此認識幾個字。

他有高人一等的魔術知識？不！這是他自己對我說的。關於魔術的書，已經出版的有數百本之多。目前在魔術方面，像他這樣的造詣，也有數十人。可是他有兩件事情，是別人沒有的：

他有表演的傾向，瞭解人情。他的每個動作姿態和說話聲調，經過事前嚴格的預習，舉止敏捷，反應靈活，分秒不差。

除此以外，薩斯頓對人們有濃厚的興趣。他告訴我，許多魔術師看著觀眾，然後對自己說：「這些傻瓜和鄉巴佬，我要好好地騙他們。」可是薩斯頓完全不是那樣，他告訴我，每次上台的時候，他會對自己這樣說：「我要感謝這些捧場的觀眾，他們使我獲得舒服的生活，我要付出最大的力量，做好這場表演。」

他說，每次走向台前的時候，他會對自己這樣說：「我愛我的觀眾，我愛我的觀眾。」可笑嗎？不近情理嗎？你可以依照自己的意思去想，我只是把這位最著名的魔術師為人處世的技巧，不加評論地提供給你參考。

舒曼・海因克夫人告訴我同樣的事情。她不顧貧困，忍住傷心，一生中充滿悲劇。有一次，她甚至想要抱著自己的孩子自殺。雖然在這樣惡劣的環境中，她還是把自己喜愛的歌唱繼續下去，成為轟動一時的「華格納」式的歌唱家。她承認自己成功的秘訣，就是對「人」深切地產生興趣。

羅斯福總統有驚人的成就，受到人們的歡迎，他的僕人們很敬愛他，這也是他成功的秘訣之一。他的黑人侍從詹姆斯，寫了一本關於他的書，書名是《狄奧多・羅斯福：心中的英雄》，在那本書中，詹姆斯說出一件感人的故事：

有一次，我的妻子問總統，美洲鶉鳥是什麼樣子？因為她從來沒有看過鶉鳥，羅斯福總統不厭其詳地告訴她。過了幾天，我家裡的電話響了——詹姆斯和他的妻子住在羅斯福總統牡蠣灣住宅內的一所房子裡——我的妻子接了電話，原來是總統打來的。羅斯福總統在電話裡告訴她，現在窗外有一隻鶉鳥，如果她向窗外看去，就可以看到了。

這樣關心一件小事，正是羅斯福總統的特點之一。無論什麼時候，他經過我們屋子外面……有時候沒有看到我們，我們還是可以聽到「嗨……詹姆斯！」「嗨……安妮！」親切的呼叫聲。

這樣一位主人，怎麼不使傭人們喜愛？誰會不喜歡他？

有一天，羅斯福進白宮去見塔虎脫總統，正值塔虎脫總統和夫人外出。羅斯福是真誠地喜歡那些傭人，對白宮裡所有的傭人，甚至做雜務的女僕，都可以叫出名字問好。阿奇伯德曾經有這樣一段記述：

他看到廚房裡的女傭愛麗絲的時候，問她是不是還在做玉米麵包。愛麗絲告訴他，有時候做那種麵包，那是給傭人們吃的，其他人都不吃。

羅斯福聽了以後，大聲地說：「那是他們沒有口福，我見到總統的時候，會把這件事情告訴他。」

愛麗絲拿一個玉米麵包給羅斯福，他一邊吃一邊走向辦公室，經過園丁和工友旁邊，向他們打招呼……

羅斯福和他們親切地談話，就像他做總統的時候一樣……有一個老傭人眼裡含著淚水說：「這是我這幾年來最快樂的一天，在我們之中，如果有人拿出一百元，我也不會換。」

哈佛大學校長艾略特博士，對別人的問題有深刻的關心和興趣，所以受到學校裡每個師生的歡迎。以下是艾略特博士待人處世的一個例子：

有一天，一個大學一年級的學生克萊頓，到校長室借用「清寒學生貸款」五十元。後來，克萊頓這樣說：

我拿到錢以後，心裡非常感謝，正要走出辦公室，艾略特校長把我叫住，說：「請坐一會兒……聽說你在宿舍自己做飯，如果你吃得適宜充足，我不認為那樣會對你不好，我以前在大學的時候，也曾經這樣做……」我聽了以後，感到很意外，他又說：

「你有沒有做過肉餅，如果把它弄得又爛又熟，那是一道很可口的菜，我以前很喜歡吃這道菜。」他詳細地說出肉餅的做法。

這是由我自己的經驗發現的，如果我們真誠地關心別人，就可以獲得美國最忙碌的人的注意和合作！讓我舉出一個例子：

幾年以前，我曾經在布魯克林藝術科學研究院，舉辦一個小說著述的課程，我們希望諾里斯、赫斯德、塔貝爾、休斯來班上，講述自己寫作的經驗。於是，我們給他們每人寫一封信：我們非常欣賞你們的作品，希望你們可以抽出一些時間，講述關於自己的寫作經驗和成功秘訣。

每一封信上，有一百五十個學生的簽名。在信上，我們這樣說……我們知道他們很忙，沒有時間演講，所以我們在每封信裡，附上一張請求解釋的表格，請他們填下自己寫作的方法以後，把這張表格寄給我們。他們很喜歡這樣的一封信，所以從家中趕來布魯克林，幫助我們解決這個問題。

我們使用同樣的方法，邀請羅斯福總統任上的財政部長、塔虎脫總統任上的司法首長，以及很多名人來班上演講。

所有的人，不管是屠夫，烤麵包的，或是寶座上的國王，都喜歡尊敬自己的人，德國國王威廉二世就有一個例子：

第一次世界大戰結束以後，人們指責威廉二世是戰爭的禍首。他逃亡荷蘭以後，德國人也不想理他。憎恨他的人何止千百萬，甚至有人揚言要把他抓來碎屍萬段。

在這股怒火燃燒的憤慨中，有一個男孩寫了一封充滿誠摯和欽佩的信，寄給威廉二世。威廉二世看了這封信以後，受到很大的感動，於是邀請這個男孩去見他。這個男孩真的來了，是他的母親陪同前來的。後來，威廉二世和男孩的母親結婚。這個男孩不需要看如何獲得友誼和影響別人的書，他的天性已經知道應該如何做。

假如我們想要交朋友，應該先為別人做一些事情——需要時間、精力、正義、體恤的事情。愛德華公爵是皇儲的時候，有周遊南美洲的計畫，在他尚未出發之前，花費一段時間去研究西班牙語，就是要直接和南美洲各國人士談話……所以，他到了南美洲以後，受到那裡人們的熱烈歡迎。

這些年以來，我認真地打聽朋友的生日……這件事情是如何進行的？我不會相信「占星學」上那類的見解，可是我遇見朋友，會問他是否相信人們的生日與其性格和個性有關？然後，我請他告訴我，他的出生年月日。如果他說是十一月二十四日，我會把這個日子記住。等到他轉身以後，我會把名字和生日記下，回家以後，再寫在一本「生日本」上。

在每年的年初，我把這些生日寫在桌曆上，到了有人生日那一天，發給他一封賀函或賀電。那個人收到賀函或賀電的時候，是多麼高興……除了他的親人以外，我是世界上唯一知道他生日的朋友。

如果我們想要交朋友，要用自己最熱忱的態度去歡迎他們。有人打電話給你，你也要有同樣的心情，以歡迎的口氣，加上一句：「你好！」紐約電話公司舉辦一個訓練課程，訓練接線生……詢問者問「什麼號碼」的時候，應該再加上一句「很高興為你服務」。以後，我們接到電話的時候，也應該記住這個。

這種哲學運用在商業上有效嗎？我可以舉出很多例子，可是不願意花費時間，只舉兩個例子：

查爾斯・瓦特在紐約市一家極具聲譽的銀行服務，被指派調查一家公司業務的情況。他知道一家公司的經理對這個情形最瞭解，可以提供自己需要的資料，就去拜訪那位經理。他被引進辦公室的時候，一個年輕女孩從門外探頭進來，告訴經理，她沒有郵票可以給他。

經理向女孩點頭以後，向瓦特解釋：「我在為十二歲的兒子收集郵票。」

瓦特坐下說明來意，提出自己的問題。可是經理含糊其辭，不著邊際地應付。很明顯，他不願意說。瓦特用盡方法，也無法使他多說一些，這次談話簡短枯燥，沒有得到任何訊息。

瓦特是我班上的學生，他說：

說實在的，我不知道應該怎麼辦……後來，我突然想起那個女孩對他說的話——郵票、十二歲的孩子——同時我又想到，我們銀行的國外匯兌部經常和世界各地通信，有許多平時少見的外國郵票，現在可以派上用場。

第二天下午，我再去拜訪那位經理，同時傳話進去，我有很多郵票，特地帶來給他……你說，我是不是受到熱烈的歡迎？那是當然的，他緊握我的手，臉上充滿喜悅的笑容。他看著郵票，高興地說：「我的喬治一定喜歡這張……這張更好，那是很少可以見到的。」

我們談論半個小時的郵票，看他兒子的相片……隨後，不需要我再開口。他花費一個小時以上的時間，提供各項我需要的資料。他說完自己知道的情形以後，又詢問一些員工，也打了幾個電話問朋友……

最後，他解釋那家公司業務的情況，使我得到很大的收穫。

以下是另一個例子：

奈佛是費城一家煤廠的推銷員，多年以來，他想要把廠裡的煤賣給一家百貨公司，可是這家公司始終不買他的煤，還是向市郊一家煤商購買。更使他嚥不下這口氣的是——每次運送煤的時候，又會經過這家公司的門前。奈佛為了這件事情，在班上大發牢騷，痛罵這家公司對國家和社會有害。

他嘴裡這樣說，可是還不甘心……為什麼無法說服那家公司買他的煤？

我勸他嘗試另一個方法，情形是這樣的：我把班上的學生分成兩組，展開一次辯論會，主題是——「連鎖性的百貨公司業務發展，對國家有益無害。」

依照我的建議，奈佛參加反對的那一組，他同意為那家公司辯護。然後，我要他直接去見那個不買他的煤的公司負責人。

奈佛見到那個負責人以後，這樣對他說：「我不是要你買我的煤！有一件事情，想要請你幫忙……」他說明來意以後，接著說：「除了你以外，我找不到還有誰可以提供我這項資料……我很想在辯論會中獲勝，希望你可以提供更多關於這個方面的資料。」

這是奈佛自己敘述關於當時的情形：

我請求那個負責人給我一分鐘談話的時間，經過這樣傳話以後，他終於答應見我。我說明來意以後，他請我坐下。最後，我們談了一個小時四十七分鐘。他打電話給另一家連鎖機構高級主管，那個人曾經寫過一本關於連鎖性百貨公司的書。他寫信給全國連鎖性百貨公司工會，為我找來許多關於這個方面的辯論記錄。

他覺得自己的公司，已經做到服務社會的宗旨，對自己的工作感到滿意而自豪。他談話的時候，雙眼閃耀出熱忱的光芒。

所以對我來說，我必須承認大開眼界，我看到自己做夢也想像不到的事情，使我改變對他原本的想法。

我要離開的時候，他親自送我到門口，一手搭在我的肩膀上，預祝我在辯論會上獲得勝利。最後，他對我說：「到春末的時候，你再來看我，我願意訂購你們的煤。」

這件事情對我來說是一個奇蹟，我沒有提到，也沒有求他，可是他卻要買我的煤。由於我真誠地對待他，對他的問題產生興趣，不到兩個小時內得到的進展，比十年中得到的更多。原因是我之前只關心自己和自己的煤，現在我關心他和他切身的問題。

奈佛發現的，不是一個新的真理，在耶穌出生以前，一位著名的羅馬詩人西魯斯曾經這樣說：「想要別人對我們產生興趣，我們先要對別人產生興趣。」

想要擁有一種可以使人們愉快的品格和個性，以及一項有效處理人際關係的技能，我希望你去買一本林克博士所著的《歸向宗教》。

不要看到這個書名立刻心生恐懼或是反感，這不是一本說教的書。這本書的作者是一位著名的心理學家，曾經親自會見並且加以指導三千多個自認內心苦悶而請他解答「品格」和「個性」問題的人。

林克博士告訴我，這本書可以更名為《如何完善你的品格》，因為書中的內容就是討論這個問題。我相信你會發現，這是一本有趣、簡明、新穎的讀物。

所以，想要使別人喜歡你，第一條規則是：

真誠地對別人產生興趣。

如何給人們好印象？

最近，我在紐約參加一次宴會，其中有一個客人，是剛獲得一筆遺產的婦人。她似乎急於使人們對自己留下一個愉快的印象，買了貂皮大衣、鑽石、珍珠，可是沒有注意到自己臉上的表情。她的那副神情，顯得如此刻薄和自私。她不明白，男士們賞心悅目的，是女士們表情中表現出來的氣質和神態，不是一身雍容華貴的打扮。

施瓦布曾經告訴我，他的微笑有一百萬元的價值。他暗示的，或許就是這個真理。施瓦布有今日的成就，應該歸功於他的品格和魅力，以及那種特殊的能力。在他的品格中，最可愛的因素是：令人傾心的微笑。

有一次，我花費一個下午的時間去拜訪雪弗萊，說實在的，我非常失望。他沉默寡言，跟我想像中的完全不同……直到他綻開微笑的剎那，氣氛完全變換過來，頓時開朗起來。如果不是他的微笑，他可能還在巴黎做木匠，繼續他父兄的行業。

一個人的行動比他說的話更有表現力，人們臉上的微笑就有這樣的表示：「我喜歡你，你使我快樂，我非常高興見到你！」

為什麼人們那麼喜歡狗？我相信也是同樣的原因……你看牠們那麼喜歡跟我們接近，牠們看到我們的時候，那股出於自然的高興，使人們喜歡牠們。

「不誠意」的微笑又是如何？微笑是從內心發出的，不誠意的微笑是敷衍的，也就是人們說的「皮笑肉不笑」，那是無法欺騙人的，也是我們憎恨的。

紐約一家極具規模的百貨公司的人事經理，跟我談到這件事情。他說自己願意雇用一個擁有可愛微笑但是小學沒有畢業的女孩，不願意雇用一個臉孔冷若冰霜的哲學博士。

美國一家很大的橡皮公司的董事長告訴我，依照他的觀察，一個人的事業成功與否，完全在於他對這項事業是否感興趣，而不是辛苦鑽研去開啟成功的大門。他曾經這樣說：

「有些人開始一項事業的時候，抱持很大的希望和興趣，可以在早期獲得部分的成就。他們對這份工作感到厭煩和沉悶而失去興趣的時候，事業也會逐漸走下坡，終至失敗。」

如果你希望別人用高興和歡愉的神情對待你，你先要用這樣的神情對待別人。

我曾經向上千位商界人士建議，每天遇見別人的時候，展現一個輕鬆的微笑。經過一個星期以後，回到班上說出心得和效果。以下是紐約證券交易所的史坦哈德先生寫來的信，他的情況不是特例，事實上很常見到。

史坦哈德的信上這樣寫著：

我結婚已經十八年，這些年以來，從我起床到離開家這段時間，我的妻子很少看到我臉上的笑容，也很少說上幾句話。

你要求我從微笑的經歷得到的效果進行演講，我嘗試一個星期……第二天早晨，我梳頭的時候，從鏡子裡，看到自己那張緊繃的臉孔，我對自己說：「皮爾，今天要把那張凝結得像石膏的臉鬆開，展現出一副笑容……就從現在開始。」坐下吃早餐的時候，我的臉上有一副輕鬆的笑意，我對妻子說：「親愛的，早安！」

她一定會感到很驚奇，但是你低估她的反應。當時，她感到迷惑而愣住了。我可以想像到，那是出於她意料之外的高興，這是她希望獲得的事情。是的，兩個多月以來，我們家庭的生活已經完全改變。

現在我去辦公室，會對電梯員笑著說「早安」，對司機也會報以笑容……去櫃檯換錢的時候，對裡面的同事，我的臉上也帶著笑容……我在交易所的時候，對那些從來沒有見過的人，我的臉上也帶著笑容……

不久之後，每個人見到我的時候，都會對我微笑。對那些來向我訴苦的人，我以關心和悅的態度聽他們訴苦，無形中把他們認為苦惱的事情，變得容易解決。我發現，微笑給自己帶來很多財富。

我和另一個經紀人合用一間辦公室，他雇用一個員工，是一個可愛的年輕人，那個年輕人逐漸對我有好感。我對自己得到的成就感到得意和自豪，所以對他提到「人際關係學」這個新的哲學。他曾經告訴我，剛來這間辦公室的時候，認為我是一個凌厲可憎、脾氣暴躁的人，最近一段時間以來，他對我的觀念已經完全改變。他說：「你笑的時候，很有人情味！我不再批評別人，把斥責別人的話，換成讚賞和鼓勵。我不再說自己需要什麼，而是盡量接受別人的觀點。眼前事實的演變，已經改變我原本的生活，現在我是一個跟過去完全不同的人……一個比過去更快樂、更富有的人。」

請你記住，這封信是一位飽經世故、聰明絕頂的股票經紀人所寫的。他在紐約證券交易所以買賣證券謀生，如果沒有更多專業知識，一百個人去嘗試，可能有九十九個人會失敗。

你會覺得自己笑不出來？怎麼辦？有兩件事情，可以試試看！第一，強迫自己微笑，如果單獨一人的時候，吹口哨，唱歌，盡量讓自己快樂，就像自己真的很快樂，就可以使自己快樂。哈佛大學已故的詹姆斯教授，有以下的見解：

行動像是追隨一個人自己的感受……可是事實上，行動和感受並道而馳。所以，你需要快樂的時候，可以強迫自己變得快樂。

每個人都想要知道如何尋求快樂，這裡有一條途徑，或許可以把你帶去快樂的境界，那就是：讓自己知道，快樂出自自己內在的心情，不需要向外界尋求。

不管你擁有什麼……你是誰……你在什麼地方……你做什麼事情……只要想要快樂，就可以變得快樂。有一個例子：有兩個人，他們有同樣的地位，做同樣的事情，收入也一樣，可是一個人輕鬆愉快，另一個人愁眉苦臉。這是什麼原因？答案很簡單：他們抱持的心情不一樣。

莎士比亞曾經說：「好與壞無從區別，那是由於每個人的想法使然。」

林肯這樣說：「大多數人獲得的快樂，跟他意念想到的相差不多。」他說得很好，最近我找到一個明確的印證：

我走上紐約長島車站的階梯，看到三十幾個行動不便的殘障孩子走在前面，他們用拐杖辛苦地走上階梯，有些孩子還要人抱著上去。可是他們的快樂和歡笑，使我感到驚奇。

後來，我找到管理這些孩子的老師，談到這件事情。他說：「是的，一個孩子體會到自己終身殘障的時候，會感到難過而不安。可是這種難過和不安過去以後，只有聽天由命，繼續尋求自己的快樂，他們現在比一般正常的孩子更快樂。」

我想要向那些殘障的孩子致敬，他們給我一個永遠無法忘記的啟示。

畢克馥準備與范朋克離婚的時候，我有一個下午跟她在一起。人們或許以為她那個時候的心境非常淩亂，可是事實上並非如此，她仍然顯得安詳而愉快。她如何使自己安詳而愉快？她的秘訣是：事情已經如此，不要為自己找煩惱，從自己的心裡去尋找快樂。

貝特格之前是棒球隊的三壘手，現在是一位保險業務員，他有成功的秘訣嗎？是的，他經過多年的研究，認為微笑永遠受人歡迎。他走進辦公室以前，總是在外面停留片刻，從回憶中找出一件使自己高興的事情，讓自己的臉上發出一縷出自內心的微笑，然後走進辦公室。

他相信，雖然微笑是一件微不足道的事情，可是使自己的保險業務有很大的進展。

我們再來看看哈巴德這個神奇的建議……可是你不要忘記，必須真正去實行，否則沒有任何效果。他的建議是這樣的：

出去外面的時候，把下巴往裡面收，抬頭挺胸，使胸部充滿新鮮空氣。遇到朋友的時候，跟他握手，把自己的心神灌注在自己手中。不要怕誤會，不要想不愉快的事情，不要讓自己的敵人侵入意識中，跟朋友就這樣握手。

在自己的心中，確定自己喜歡做什麼，然後勇往直前地去做。精神集中在自己喜歡做的事情上的時候，在往後的歲月中，你會發現自己渴望的機會，全部被自己掌握住了。

隨時把自己想像成具有才華、待人誠懇、有益於社會的人。有這種想法以後，會隨時改變自己，使自己的品格逐漸變成這種類型。你必須知道，一個人的思維能力，可以形成一股很大的力量。

保持正確的心理狀態——勇敢、誠實、樂觀。正確的思想可以啟發創造力，所以有很多事情都是由理想和欲望而來。真誠的祈求，就會獲得應驗。想要獲得什麼成就，只要把這種意念孕育在自己心裡，就會有這樣的收穫！放鬆自己凝重的臉色，抬起頭，我們就是明天的主宰。

古代的中國人充滿智慧，他們有一句格言，你應該剪下來，貼在帽子裡。這句格言是：「如果臉上沒有帶著笑容，絕對不要開店」——「不笑莫開店」。

剛才我們談到開店，弗雷克‧伊文在為那家考林公司做的廣告中，有這樣幾句話，含有令人啟示的哲理：

聖誕節一笑的價值：它不需要花費什麼，可是卻有很多收穫。它可以使獲得者受益，施予者也沒有損失。它發生於剎那之間，可是給人們的回憶永遠存在。任何有錢的人，不會不需要它；任何貧窮的人，因為它而致富。在家庭中，它可以產生快樂的氣氛；在生意買賣上，它可以製造好感。

在朋友之間，它是善意的招呼。它使疲憊者可以休息，使失望者獲得光明，使悲哀者迎向陽光。它無處可買，無處可求，無法去借，更不能去偷……你尚未得到它以前，對誰都沒有用。

如果在聖誕節，最後一分鐘的忙碌中，我們的店員或許太疲倦了，以至於沒有給你微笑，是否可以留下你的微笑？因為沒有給別人微笑的人，更需要別人給他微笑。

所以，想要使別人喜歡你，第二條規則是：

微笑！

這樣做，就可以避免麻煩

那是在一八九八年，紐約羅克蘭郡發生的一場悲劇。那裡有一個孩子去世了，下葬的那天，村裡的人都準備去送殯。法利也是送殯行列中的一員，他去馬棚裡拉出一匹馬……這個時候正值寒冬，地上積了一層厚厚的雪。那匹馬關在馬棚裡已經很多天，到了外面非常高興，身體打轉玩著，把兩條腿高高地舉起來，法利不小心，被馬活活踢死。所以，羅克蘭郡在那個星期裡，舉行兩場葬禮。

法利去世以後，留給自己的妻子和三個孩子的，只有幾百元的保險金。

法利的長子吉姆只有十歲，為了家中的生活，去一家磚廠工作……他把沙土倒入模型中，壓成磚瓦，再拿到太陽下曬乾。吉姆沒有機會受更多的教育，可是他有愛爾蘭人樂觀的性格，使人們自然地喜歡他，願意跟他接近。後來，他加入政界，經過多年以後，逐漸養成一種善於記憶姓名的特殊才能。

吉姆沒有讀過中學，可是四十六歲的時候，有四所大學贈予他榮譽學位。他曾經當選民主黨全國委員會主席，也曾經擔任美國郵政總長。

我專程去拜訪吉姆先生，請他告訴我自己成功的秘訣。他簡短地說：「全力以赴！」

我對他這個回答不會感到滿意，搖著頭說：「吉姆先生，不要開玩笑。」

他問：「你認為我成功的原因是什麼？」

「吉姆先生，我知道你可以叫出一萬個人的名字。」我回答。

「不，你錯了！」吉姆說，「我大概可以叫出五萬個人的名字。」

不要對這個感到驚奇，吉姆有這種本領，才可以幫助羅斯福進入白宮。

吉姆在一家公司做推銷員的那些年中，也擔任羅克蘭郡的書記員，使自己養成一種記憶別人名字的習慣——記憶的方法。

吉姆的這個方法不複雜：遇到新朋友的時候，立刻詢問他的名字，家裡的人口多少，他的職業，以及對當前政治的見解。問清楚這些以後，他會記在心裡，下次遇到這個人，即使相隔一年多的時間，還可以拍著那個人的肩膀，問候他的妻子兒女，甚至可以談論那個人家裡後院的花草。

羅斯福開始競選總統的前幾個月，吉姆一天要寫幾百封信，分發給美國西部和西北部各州的朋友。然後，他搭乘火車，在十九天的旅途中，走遍美國二十個州，一萬兩千公里的行程。除了火車以外，他也會搭乘其他交通工具，例如：馬車、汽車、輪船。吉姆每到一個城鎮，都會找朋友吃早餐、午餐、茶點、晚餐，做一次誠懇的談話，接著再趕往下一個行程。

他回到東部的時候，立刻寫信給在各個城鎮的朋友，請他們把曾經談話的客人名單寄給他。那些不計其數的名單上的人，得到吉姆親密而禮貌的回函。

吉姆很早就發現，一般人對自己的名字，比把世界上所有名字堆在一起的總數更感到重要和關心。記住一個人的名字，很自然地叫出來，已經對他含有恭維和讚賞的意味。相反地，忘記一個人的名字，或是叫錯他的名字，不僅會使他難堪，也會對自己造成傷害。

我曾經在巴黎舉辦一個演講技巧的課程，用影印機複製分發給居住在巴黎的美國人。我雇用的那個法國打字員英文程度很差，列印名字的時候發生錯誤。其中有一個學生，是巴黎一家美國銀行的經理，我收到他一封責備的信，原來那個法國打字員把他的姓名字母拼錯了。

安德魯·卡內基是如何成功的？

他被人們稱為「鋼鐵大王」，可是他對鋼鐵瞭解不多。上千個為他工作的人，對鋼鐵的製造比他更內行。

安德魯·卡內基知道如何管理人們——這是他致富的原因。在早年，他已經顯示出組織能力和領導才華。十歲的時候，他發現人們對自己的名字非常重視。發現這個事實以後，他立刻加以利用。

這是他童年的一段回憶：這個蘇格蘭男孩得到一隻兔子，這隻兔子是母的。不久，這隻母兔生下一窩小兔，可是找不到可以餵小兔吃的東西。安德魯·卡內基想出一個聰明的方法，他跟鄰近的那些孩子說，如果誰去採小兔吃的東西，這隻小兔就叫誰的名字。這個方法功效神妙，使他永誌不忘。

多年以後，他經營各項事業，也運用同樣的技巧，使自己獲得數百萬元的收入。例如：他要將鋼軌賣給賓夕法尼亞鐵路局，湯姆森是這家鐵路局局長。他就在匹茲堡建造一座鋼鐵廠，命名為「湯姆森鋼鐵廠」。

你猜猜看……賓夕法尼亞鐵路局採購鋼軌的時候，湯姆森會向哪家公司採購？

有一次，他和普爾曼競爭小型汽車和小客車業務的權利，又想起兔子的經驗。

他負責的中央運輸公司和普爾曼經營的公司，爭取太平洋鐵路的小型汽車和小客車業務，互相排擠，接連削價，已經侵蝕到自己可以獲得的利益，只好到紐約與太平洋鐵路局的董事見面。那天晚上，他在「聖尼可拉斯飯店」遇到普爾曼，這樣說：「晚安，普爾曼先生，我們是不是在愚弄自己？」

普爾曼問：「你這是什麼意思？」

於是，他說出自己的見解，使用嚴正磊落的言辭，希望雙方的業務合併，由於沒有競爭，可以獲得更多利益。

普爾曼雖然注意聽著，但是沒有完全同意，最後他問：「這家新公司，你準備取什麼名字？」

他立刻回答：「普爾曼豪華汽車公司！」

普爾曼那張緊繃的臉孔，頓時鬆弛下來。他說：「卡內基先生，請到我的房間，讓我們詳細討論！」

就是那次的談話，寫下企業界一頁新的歷史。

安德魯・卡內基有高超的記憶力和尊重別人姓名的做法，是他成為一位領袖人物的秘訣。他可以叫出很多業務員的名字，這是他引以自豪的。他經常得意地說，自己處理公司業務的時候，公司從來沒有發生罷工的情形。

彼得魯斯基也有同樣的情形，為了讓在專車侍候自己的黑人廚師感覺自己很重要，永遠稱黑人廚師為「考伯先生」。

每個人都重視自己的名字，盡量設法讓自己的名字流傳下去，甚至願意付出任何代價。巴納姆先生雖然是一位飽經世故的老人，因為沒有兒子延續自己的名字而感到遺憾，所以寧願給外孫西利兩萬五千元，如果他願意把自己稱作「巴納姆・西利」。

那是兩百多年以前的事情，許多有錢人經常給一些作家錢，要作家用他的名義出書。

圖書館和博物館有豐富的收藏，那些陳列品上都有捐贈者的姓名，原因是那些人希望自己的名字永遠延續下去。

一般人大概不會比羅斯福更忙，可是他甚至會把一個技工的名字記住。

克萊斯勒汽車公司為羅斯福總統製造一輛特殊的汽車，張伯倫和一個技工將這輛車送到白宮。張伯倫給我一封信，說出當時的情形：「我教導羅斯福總統如何駕駛這輛有許多特別裝置的汽車，但是他教導我許多待人處世的技巧。」

張伯倫先生的信上這樣寫著：

我到白宮的時候，總統顯得非常愉快，他直呼我的名字，使我感到十分欣慰。特別讓我留下深刻印象的是：我說出關於這輛車的每個細節，他非常注意地聽著。

這輛車經過特殊設計，可以完全用手駕駛。羅斯福總統在那群圍觀的人面前說：「這輛車本身就是一個奇蹟，只要按下開關，它就可以自己開動，可以不費力地駕駛這輛車。它奇妙的設計，實在太好了……我不瞭解其中的原理，希望有時間拆開看看，那是如何製造的。」

羅斯福的朋友們和白宮的官員們讚美這輛車的時候，他又說：「張伯倫先生，我要感謝你，你要花費很多時間和精力，才可以設計完成這輛車，這是一項無可批評、極其完美的工程。」他讚賞散熱器，特別是後視鏡、照明燈、椅墊的樣式、駕駛座的位置、車廂裡的特殊行李箱和行李箱上的標記。

也就是說，羅斯福總統觀賞這輛車裡每個細微的設計。

他知道我在這個方面下了很多苦心，特別把這些設備指給他的妻子、勞工部長、女秘書柏金斯看。他向旁邊的黑人侍從說：「喬治，你要仔細照顧這些經過特殊設計的行李箱。」

我講述關於駕駛方面的情形以後，總統對我說：「好了，張伯倫先生，我已經讓聯邦準備理事會等了三十分鐘，我應該回去工作了。」

我帶了一個技工去白宮，把他介紹給羅斯福總統。他沒有和總統談話，羅斯福總統只聽過他的名字一次。

這個技工非常害羞，躲避在後面，我們要離去的時候，總統找到這個技工，跟他握手，叫他的名字，感謝他來華盛頓。總統對這個技工的致謝並非出於表面，而是真誠用心，我可以察覺得到。

我回到紐約以後不久，收到總統親筆簽名的相片和一封謝函。他如何可以抽出時間來做這件事情，使我感到驚訝。

羅斯福總統知道一種最簡單、最明顯、最重要的如何獲得好感的方法，那就是：記住別人的名字，使他們覺得自己很重要。可是，在我們之間，又有多少人可以這樣做？

別人介紹一個陌生人跟我們認識，雖然有幾分鐘的談話，可是離開的時候已經忘記對方的名字。從政者的第一堂課是：「記住選民的名字。」記憶姓名的能力，在事業上、交際上、政治上同樣重要。

法國皇帝拿破崙三世，是偉大的拿破崙的侄子，他曾經自誇地說：雖然國事纏身，可是他可以記住自己見過的每個人的名字。他有技巧嗎？是的，那很簡單，如果他沒有聽清楚，就會說：「對不起，我沒有聽清楚。」如果是一個不常見到的名字，他會這樣問：「對不起，這個字怎麼拼？」

在談話中，他會不厭其煩地把對方姓名反覆記憶數次，同時在腦海裡把這個人的名字和他的臉孔、神態、外型結合起來。如果這個人對自己是重要的，他就會更費事。在他獨自一人的時候，他會把這個人的名字寫在紙上，仔細地看著、記著，然後把紙撕掉。這樣一來，他眼睛看到的就會跟他耳朵聽到的一樣。

這些都要花費時間，但是愛默生說：「良好的禮貌，是由微小的犧牲造就的。」

所以，想要使別人喜歡你，第三條規則是：

記住自己接觸的每個人的名字。

如何養成優雅而獲得好感的談吐？

最近，我應邀參加一次橋牌的聚會。對我來說，我不會玩橋牌。真巧，有一個漂亮的小姐也不會玩橋牌！她知道我在湯瑪斯從事廣播事業以前，曾經擔任他的私人助理。那個時候，湯瑪斯到歐洲各地旅行，在那段旅行期間，我幫助他記錄沿途上的所見所聞。這位漂亮的小姐知道我是誰以後，立刻說：「卡內基先生，是否可以請你告訴我，你曾經遊覽哪些名勝古蹟和其中離奇景色？」

我們坐在旁邊的沙發椅上，她接著提到，最近她跟她的丈夫去非洲。「非洲！」我接著說，「那是多麼有趣……我總是想著去非洲，可是除了在阿爾及爾停留一天以外，沒有去過非洲其他地方……你有沒有去值得自己留戀的地方……那是多麼幸運，我真是羡慕你，你可以告訴我，關於非洲的情形嗎？」

那次談話，我們聊了四十五分鐘，她不再問我到過什麼地方，看過什麼東西。她不再談論我的旅行，她需要的，是一個專心的傾聽者，使她可以擴大她的「自我」，講述自己到過的地方。

這是她與眾不同的地方？不，許多人都像她一樣。

最近，我在紐約出版社「格林伯格」的宴會上，遇到一位著名的植物學家。我從來沒有接觸植物學那一類的學者，我覺得他說話很有吸引力。那個時候，我就像著迷似的，坐在椅子上傾聽他說關於大麻、培養新植物、布置室內花園的事情，他還告訴我關於馬鈴薯的驚人事實。後來，談到我自己有一個小型的室內花園，他非常熱忱地告訴我，如何解決幾個自己要解決的問題。

這次宴會中，還有十幾位客人在座，可是我忽略其他人，與這位植物學家談了幾個小時。

時間到了子夜，我向每個人告辭，這位植物學家在主人面前對我極度恭維，說我「富有激勵性」……最後，誇讚我是——最風趣、最健談，具有「優雅談吐」的人。

「優雅談吐」？我？我知道自己幾乎沒有說話！如果我們剛才談論的內容，沒有把它加以變更，即使我想要談論，也無從談論，原因是我對植物學方面知道得太少。

但是我知道，自己已經這樣做……那就是：「安靜地聽著」。我安靜地聽著，發現自己對他說的事情產生興趣，他也有這樣的感覺，所以自然地使他高興。那種「靜聽」，是我們對任何人尊敬和恭維的表示。伍德福德在自己《異鄉人之戀》一書中曾經這樣說：「很少人可以拒絕接受專心注意包含的諂媚。」

我告訴那位植物學家，自己受到他的款待和指導，希望擁有他那樣豐富的知識——我真的希望如此。我告訴他，希望可以和他去田野散步，也希望可以再見到他。

由於如此，他認為我是一個善於談話的人。其實，我只是一個善於靜聽，並且善於鼓勵他談話的人。

談一件成功的生意，它的秘訣是什麼？我依照那位篤實的學者艾略特說過的：「一筆成功的生意往來，沒有什麼神秘的訣竅……專心靜聽對你說話的人說的話，那是最重要的，再也沒有比這個更重要的！」

那是很明顯的，是不是？這個問題，你不需要花費四年時間去哈佛大學研讀。但是我們都知道，很多商人租用豪華店面，降低進貨成本，陳設漂亮櫥窗，花費巨額廣告費，可是雇用的，卻是那些不願意傾聽顧客說話的店員。那些店員，中止顧客談話、反駁顧客、激怒顧客，似乎要把顧客趕出店門才會甘心！

沃爾頓曾經有一個經歷，他在我的班上說出這個故事：

他在近海的紐澤西州紐華克的一家百貨公司買了一套衣服，這套衣服穿起來實在讓人失望，上衣會褪色，而且把襯衫領子弄髒了。

他把這套衣服拿回那家百貨公司，找到當時跟他交易的店員，告訴他詳細的情形。我問他「告訴」店員詳細的情形嗎？不，他想要把詳細的情形告訴那個店員，可是他辦不到，想要說的話，都被那個似乎有些「口才」的店員打斷了。

那個店員說：「這種衣服，我們已經賣出去幾千套，這是第一次有人來挑剔。」這是那個店員說的話，而且聲音大得出奇，他話中的含義是：「你在說謊，你以為我們是可以欺負的嗎？哼！我要給你一點顏色瞧瞧！」

正在激烈爭論之時，另一個店員說：「所有黑色的衣服，起初都會褪一點顏色，那是無法避免的……那種價錢的衣服，都有這種情形，那是布料的關係！」

「那個時候，我滿肚子的火都冒出來。」沃爾頓先生講述事情的經過，「第一個店員，懷疑我的誠實；第二個店員，暗示我買的是次等貨……我非常憤怒，正要責罵他們的時候，那家百貨公司的負責人走過來。」

「這位負責人似乎瞭解自己的職責，他使我的態度完全改變……他把一個惱怒的顧客變成一個滿意的顧客。他是如何做的？他把這個情形分為三個步驟：

第一，他讓我完整說出事情的經過，他安靜地聽著，沒有插進一句話。

第二，我說完那些話以後，那兩個店員又要開始與我爭辯，可是那位負責人站在我的角度跟他們辯論……他說襯衫領子很明顯是這套衣服弄髒的。他堅持表示，這種無法使顧客滿意的東西不應該賣出去。

第三，他承認不知道這套衣服會這麼差勁，而且坦白地對我說：「你認為我應該如何處理這套衣服，你儘管吩咐，我可以完全依照你的意思去做。」

幾分鐘以前，我想要把這套討厭的衣服退掉，可是現在我卻這樣回答：「我可以接受你的建議，我只是想要知道，褪色的情形是否是暫時的，或是你們有什麼方法，可以使這套衣服不再繼續褪色？」

他建議我，把這套衣服帶回去再穿一個星期，看看情形如何！他這樣說：「如果仍然不滿意，拿來換一套滿意的，我們增加你的麻煩，感到非常抱歉。」

我滿意地離開那家百貨公司，那套衣服經過一個星期以後，沒有出現任何問題，我對那家百貨公司的信心也逐漸恢復。

難怪那位先生是那家百貨公司的負責人，至於那些店員，不僅終身要停留在「店員」的職位上，最好把他們降級到包裝部，永遠不要跟客人見面。

最喜歡挑剔的人，最激烈的批評者，會在一個懷有忍耐和同情的靜聽者面前軟化下來！這個靜聽者，必須有過人的沉著，必須在尋釁者像一條毒蛇張開嘴巴的時候靜聽。

幾年以前，紐約電話公司遇上一個最凶狠、最不講理的顧客，這個顧客用最刻薄的字眼責罵接線生。後來他又指出，電話公司製造假帳單，所以他拒絕付款。同時，他要投訴報社，還要向公眾服務委員會提出申訴……這個顧客對電話公司有一些訴訟。

最後，電話公司派出一位很有經驗的「調解員」去拜訪這個不講理的顧客。這位「調解員」到那裡以後，安靜地聽著……盡量讓這個喜歡爭論的顧客發洩自己的情緒。「調解員」回答的，都是簡短的「是，是」，並且表示同情他的遭遇。

這位「調解員」來我的班上，說出當時的情形：「他不斷地大聲說話，我安靜地聽了差不多三個小時——後來我又去他那裡，聽他沒有發完的牢騷，我總共拜訪他四次。在第四次拜訪結束之前，我已經成為他創立的一個組織的會員，他稱之為『電話用戶保障會』，現在我還是這個組織的會員，可是據我所知，除了他以外，我是唯一的會員。」

「在這次拜訪中，我還是安靜地聽著，用同情的態度聽他說出的理由。他表示：電話公司的人從來沒有這樣跟他說話，他對我的態度也變得友善。我對他要求的事情，在前三次拜訪中，不提一個字。第四次拜訪的時候，我結束這個案件。他把所有帳款付清，並且在之前找電話公司麻煩中，第一次撤銷對公眾服務委員會的申訴。」

這個顧客表面上看來是為社會公益而戰，保障民眾的權益，不受無理的剝削。實際上，他需要的是自重感，用挑剔抱怨去獲得這種自重感。從電話公司代表的身上獲得這份自重感以後，他不必再說出那些不切實際的委屈。

幾年以前的一個早晨，一個憤怒的顧客闖進「德特默毛皮公司」創辦人德特默的辦公室。

德特默先生對我說：

這個顧客欠我們十五元……他雖然不願意承認，可是我們知道錯的是他，所以我們的信用部堅持要他付款，他收到我們的信用部幾封信以後，立刻來芝加哥，匆忙地走進我的辦公室。他告訴我，他不付那筆錢，而且表示我們公司以後不要再想做他任何生意。

我耐著性子，安靜地聽他說的那些話。有幾次，我忍不住氣，幾乎要跟他反駁爭論，打斷他說的那些話，可是我知道那不是最好的方法，我盡量讓他發洩。最後，他的氣焰似乎已經平息下去，我對他說：「感謝你特地來芝加哥告訴我這件事情。事實上，你已經為我做一件很有意義的事情……如果我們的信用部得罪你，相信他們也會得罪別人，那個時候就會不堪設想。請你相信我，我迫切地需要你告訴我，你剛才說的那種情形。」

他絕對不會想到，我會說出那些話，可能他會感到有些失望。他來芝加哥的目的，是要跟我交涉，可是我卻感謝他，不跟他爭論。我心平氣和地告訴他，我們會取消那筆十五元的欠款，同時忘記這件事情。我向他表示，他是一個細心的人，需要處理的只是一份帳單，可是我們公司的員工需要處理成千上萬份的帳單，所以他可能不容易弄錯。

我告訴他，我瞭解他的處境，如果我遇到與他同樣的問題，也會有他這樣的想法。由於他不再買我們公司的商品，我誠懇地推薦其他幾家毛皮公司給他。

那天中午，我請他吃飯，他勉強地答應。午餐以後，我們回到辦公室，他訂購比過去更多的商品，懷著平靜的心情回家。這個顧客似乎由於我對他的接待和處理，所以仔細查看自己的帳單，終於找出那份帳單，原來他自己放錯地方。他把那筆十五元的欠款寄來，並且附上一封道歉的信。

後來，他的妻子生下一個男孩，他用我們公司的名字為自己的兒子取名「德特默」。他是我們公司的忠實顧客，也是一個很好的朋友，直到二十二年以後，他去世的時候。

幾年以前，有一個荷蘭籍的男孩，下課以後為一家麵包店擦窗戶，每個星期賺五毛錢。他的家裡非常貧苦，經常提著籃子去水溝撿拾從煤車上掉下來的煤塊。這個孩子叫做愛德華・巴克，沒有受過六年以上的教育。後來，他成為美國新聞界最成功的雜誌編輯。他是如何做的？說來話長，但是他如何開始，可以簡單地敘述，用本章提出的原則，作為開場。

他十三歲離開學校，在一個「西聯」機構充當童工，每個星期的薪水是六・二五元，雖然處在貧困的環境中，可是不斷追求接受教育的機會。他不放棄求學的意念，而且進行自我教育。他從來不搭乘公車，把午餐的錢也省下來，買了一部美國名人傳記——後來，他做出一件人們聞所未聞的事情。

他詳細研讀這部美國名人傳記以後，寫信給傳記上的每位名人，請求他們告訴自己關於其童年時候的情形。從他這個表現可以看出，他有一種善於靜聽的本質——他希望那些名人談論他們自己。

他寫信給當時正在競選總統的加菲爾德將軍，問他是否做過運河上拉船的童工。加菲爾德將軍收到信以後，給他一封詳細的回函。他又寫信給格蘭特將軍，問他在那部名人傳記上記述關於一次戰役的情形……格蘭特將軍在回信中，畫了一張詳細的地圖，並且邀請這個十四歲的男孩吃飯，他們談了一個通宵。

他寫信給愛默生，希望他說一些關於自己的事情……這個在「西聯」機構傳信的童工，和國內那些著名的人物通信，例如：奧利佛、朗費羅、林肯夫人、薛曼將軍、戴維斯。

他不僅跟那些名人通信，而且利用放假的時候，去拜訪他們其中幾位，成為那些名人歡迎的客人。他的這種經驗，使自己形成一種自信。這些名人，激發他的理想和意志，改變他往後的人生。所有的這些，讓我再說一遍……都是由於實行我們正在討論的這個原則。

記者馬克森曾經訪問許多風雲人物，他告訴我們：「有些人無法給人們留下好印象的原因，就是：不注意傾聽別人的談話……這些人關心自己要說什麼，可是從來不打開耳朵……」馬克森又說，「許多名人曾經對我說……他們喜歡的，不是善於談話的人，而是那些安靜傾聽的人。可以養成善於靜聽能力的人，似乎比任何好性格的人少見。」不只是大人物才喜歡善於靜聽的人，普通人也是如此——喜歡別人聽自己說話。

正如文章中所說：「很多人找醫生，他們需要的，只是一個靜聽者。」

內戰情況最黑暗的時候，林肯寫一封信給伊利諾州春田市的一個朋友，請他來華盛頓，有一些問題需要跟他討論。這個朋友來到白宮，林肯跟他談論幾個小時關於解放黑奴的問題……他把這項行動贊成和反對的理由加以研究，然後看一些信件和報紙上的文章，有些因為他不解放黑奴而譴責他，有些因為他解放黑奴而譴責他。這樣談論幾個小時以後，林肯和這個朋友握手道別，送他回伊利諾州……

林肯沒有徵求這個朋友的意見，所有的話都是他自己說的，他說出這些話以後，心情似乎舒暢許多。後來，這個朋友這樣說：「林肯跟我談過這些話以後，他的神情似乎舒適暢快許多。」

林肯不需要這個朋友的建議，他需要的是友誼和同情，有一個靜聽他說話的人，藉以發洩內心的苦悶。我們苦悶的時候，也有這樣的需要！

如果你想要知道，如何使人們躲避你，背後嘲笑你，甚至輕視你，有一個很好的方法：永遠不要靜聽別人說話，不斷地談論你自己。如果別人正在談論一件重要事情，你有自己的見解，不等他把話說完，立刻提出來。在你看來，他絕對不會比你聰明，為什麼要浪費那麼多時間，聽那些沒有見解的話？是的，立刻插嘴，就用一句話，制止別人的發言。

你曾經遇到那種人嗎？很不幸的，我曾經遇到。奇怪的是，有一些這樣的人，還是社交界的名人。那種人是令人「憎恨」而出名的……他們被自己的自私心和自重感麻醉，被一般人「憎恨」。只談論自己的人，永遠只為自己著想。哥倫比亞大學校長巴特勒博士曾經這樣說：「這種人是無藥可救的，沒有受過教育的！」巴特勒博士還說：「無論他曾經受過什麼樣的教育，仍然跟沒有受過教育一樣。」

所以，想要成為一個談笑風生、受人歡迎的人，就要靜聽別人的談話，問別人喜歡回答的問題，鼓勵別人談論他們自己和自己的成就。

必須記住：跟你說話的人，對他來說，他的需要和問題比你的需要和問題重要百倍。他的牙痛，對他來說，比發生天災死了數百萬人更重要。他注意自己頭上一個瘡疤，比注意發生一場地震還要多。

所以，想要使別人喜歡你，第四條規則是：

做一個善於靜聽的人，鼓勵別人多談論他們自己。

如何使別人對你感興趣？

每個去牡蠣灣拜訪羅斯福的人，都會對他淵博的知識感到驚奇。有人曾經這樣說：「無論是牧童或是騎士、政客或是外交家，羅斯福都知道應該跟他說什麼。」這是怎麼回事？答案很簡單，在接見來訪的客人之前，羅斯福已經準備好那個客人喜歡的話題和他特別感興趣的事情。

羅斯福跟其他具有領袖才華的人一樣，知道這個事實。深入人們內心的最佳途徑，就是對人們說他知道得最多的事物。

前任耶魯大學文學院教授菲利普，早年就知道這個道理，他這樣說：

我八歲的時候，某個星期六，去姑媽家度假。那天晚上，有一個中年人也去姑媽家，他跟姑媽寒暄以後，就注意到我。那個時候，我對帆船有很大的興趣，那個客人談到這個話題的時候，似乎也很有興趣，我們談得非常投機。他離開以後，我對姑媽說：「這個人很好，對帆船也有興趣。」姑媽告訴我，那個客人是一位律師，對帆船應該不會有興趣。我問：「可是他怎麼總是說帆船的事情？」

姑媽對我說：「他是一位有修養的紳士，他讓自己受到歡迎，所以才會找你有興趣的話題，陪你談論帆船。」

菲利普教授又說：「我永遠不會忘記姑媽說的那些話。」

我在寫這個章節的時候，我的面前有一封信，是熱心童子軍工作的查利夫先生寄來的。他在信上這樣寫著：

有一天，我需要找一個人幫忙，原因是歐洲要舉行一次童子軍露營，我要請美國一家公司資助我一個童子軍的旅費。

我會見那位老闆之前，聽說他曾經開出一張百萬美元的支票，隨後又把那張支票作廢。後來，他把那張支票裝入相框，作為紀念。

所以，我走進他的辦公室的第一件事情，就是請求他讓我觀賞那張支票。我告訴他，自己從來沒有聽過，有人開出百萬美元的支票，我要跟那些童子軍說，自己確實見到百萬美元的支票。他很高興地取出那張支票給我看，我表示羨慕和讚美，同時請他告訴我，開出這張支票的經過。

你是否注意到？查利夫先生沒有談論童子軍的事情和自己的來意，而是談論對方最感興趣的事情。結果又是如何？他的信上這樣說：

隨後，那位老闆問我：「你找我有什麼事情嗎？」於是，我把自己的來意告訴他。真是出乎我的意料，他立刻答應我的要求，甚至比我要求的更多。我只希望他資助一個童子軍去歐洲，可是他願意資助五個童子軍去歐洲，而且我也受邀在內。他簽出一千美元外匯銀行支付的憑證，要我們在歐洲住七個星期，又為我寫了幾封介紹信，吩咐歐洲各個城市分公司的經理，妥善地照顧我們。之後，這位老闆也去歐洲，在巴黎接待我們，帶領我們遊覽巴黎……最後，他為幾個家境貧寒的童子軍介紹工作。

現在，他還是盡其所能，資助這個童子軍團體。

當然，這是我知道的，如果事前沒有找出他的興趣，使他變得高興，我可能不會這樣順利地跟他接近。

商場上，這也是一種有價值的方法嗎？現在再舉出一個例子：

紐約有一家麵包公司的經理杜凡諾先生，希望把自己公司的麵包賣給一家旅館。四年來，他總是打這個主意，幾乎每個星期都去找那家旅館的經理。他如果知道那位經理去哪個交際場所，為了有見面的機會，他也會去那個交際場所。他甚至在那家旅館租下一個房間，只是為了獲得生意，可是他失敗了。杜凡諾先生說：

後來，我研究人與人之間的關係，終於知道應該改變策略，想辦法找出他最感興趣的事情，事先瞭解哪個方面會引起他的注意。

我發現，他是美國旅館業工會的會員，由於熱心推廣這個團體的業務，後來被推舉為這個團體的主席。同時，他兼任國際旅館業聯合會的會長，無論開會地點在哪裡，他都會搭乘飛機，飛越高山，橫渡沙漠，去那裡開會。

所以，我在第二天見他的時候，就問他關於工會的詳細情形，得到一個很好的反應——他跟我說了半個小時關於工會的情形。他說的時候是那麼的興高采烈，我已經明顯地看出，那個團體是他的興趣，也是他生活中的一部分，我跟他告別以前，他邀請我加入他們的團體。

那個時候，我沒有提到麵包的事情。過了幾天，他旅館的餐務部打電話給我，要我把麵包的價目和樣品送過去。

我走進那家旅館，裡面的工作人員對我說：「我不知道你在那個老頭身上下了什麼功夫……可是真的，你搔到他的癢處。」

我回答：「你應該為我想想——我在他的身上花費四年時間，想要做到他的生意。如果不煞費苦心找出他的興趣，他喜歡的是什麼，不知道還要花費多少時間！」

所以，想要使別人喜歡你，第五條規則是：

抓住別人的興趣進行交流。

如何使別人很快地喜歡你？

我在紐約的三十三號街第八號路的郵局裡，依次排隊等著要寄一封掛號信，我發現一個郵務員對自己的工作很苦惱……秤信的重量，遞出郵票，找零錢，分發收據，這樣單調的工作，年復一年地重複下去。

所以，我對自己說：「要嘗試讓那個人喜歡我，我必須說一些有趣的事情，那是關於他的，不是關於我的。」於是，我又問自己：「他有什麼地方值得稱讚？」這是一個很不容易找出答案的問題，尤其對方是一個陌生人。可是很容易的，我有一個發現，我從他的身上找出一件值得稱讚的事情。

他秤我的信的時候，我熱忱地說：「我希望有你這樣的好頭髮！」

他把頭抬起來，從驚訝中換出一副笑容，很客氣地說：「沒有以前那樣好！」

我確切地告訴他，或許沒有過去的光澤，但是現在看來，依然很好看。他非常高興，我們愉快地聊天。最後，他對我說：「很多人都稱讚我的頭髮。」

我敢打賭，他去吃午餐的時候，腳步就像騰雲駕霧般地輕鬆。晚上回家以後，他會跟妻子提到這件事情，還會對著鏡子說：「我的頭髮確實很好。」

我曾經在公共場合說過這個故事，後來有人問我：「你想要從那個郵務員的身上得到什麼？」我想要得到什麼？我想要從那個郵務員的身上得到什麼？

如果我們是那樣的卑賤自私，不從別人的身上得到什麼，就不願意分給別人一些快樂，如果我們的度量比一個酸蘋果還要小，我們即將遇到的，也絕對是失敗。

是的，我確實想要從那個人的身上得到什麼！我想要得到一些珍貴的東西，我已經得到了——我使他感覺到，我為他做一件不需要他報答的事情。那件事情，即使過了很久以後，在他的回憶中，依然閃耀出光芒。

人們的行為中，有一個非常重要的定律，如果我們遵守這個定律，永遠不會遇到困難。事實上，如果遵守這個定律，會為自己帶來許多朋友和無限快樂。如果違反這個定律，就會讓自己遭遇許多困難。這個定律是：「永遠使別人感覺自己很重要。」

杜威教授說：「自重的欲望，是人類天性中最急切的要求。」詹姆斯博士說：「人類天性至深的本質，就是渴求被別人重視。」我曾經說，人類與動物相異之處，就是在於自重感的有無，人類的文化也是由此而產生。

哲學家對於人類關係的定律，已經思考數千年。在所有的思考中，只引證出一個定律。這個定律不是新的，它跟歷史一樣的古老！三千多年以前，瑣羅亞斯德把這個定律傳授給所有拜火教徒。二十四個世紀以前，孔子在中國宣講這個定律，道教始祖老子教授門徒這個定律。西元前五百年，釋迦牟尼把這個定律流傳人間。耶穌把這個定律綜合在一個思想中，這是全世界適用的一個重要的定律：

你希望別人怎樣對待自己，就要怎樣對待別人。

想要跟你接觸的人贊同你，想要別人承認你的價值，想要在你的世界裡有一種自重感，不希望受到沒有價值或是不真誠的阿諛，渴求真誠的讚賞。你希望自己的朋友，就像施瓦布所說：「誠於嘉許，寬於稱道」，所有人都需要這些。

所以，讓我們遵守這個定律：希望別人給我的，我先去給別人。如何做，何時做，在什麼地方做？這個答案是：所有時間，任何地點。

有一次，我去無線電城詢問處打聽蘇文先生的辦公室號碼。那個穿著整潔制服的詢問員似乎覺得自己很高貴，清晰地回答：「亨利・蘇文（頓了頓），十八樓（頓了頓），一八一六室。」

我走向電梯，想了想，又走回來，對那個詢問員說：「你回答問題的方法很清楚，就像一位藝術家，實在不簡單。」

他的臉上現出愉快的光芒，他告訴我，為什麼在答話的時候中間要停頓，為什麼每句話的幾個字要那樣說。他聽了我的那些話以後，高興地把領帶略微往上拉高。我搭乘電梯抵達十八樓的時候，覺得人們快樂的總量上，自己又加上一些。

不需要等到就任駐法國大使，或是成為一個俱樂部主席的時候才去稱讚別人，幾乎每天都可以應用它。

例如：你要一份法式的煎馬鈴薯，女服務生為你端來煮的馬鈴薯。這個時候，你可以這樣說：「對不起，要麻煩你——我喜歡的是法式的煎馬鈴薯。」她會回答：「一點也不麻煩」，並且願意為你更換，因為你尊重她。

平時客氣的話語，例如：「對不起」、「麻煩你」、「請你」、「你會介意嗎」、「感謝你」，可以減少人與人之間的糾紛，也可以表現出高貴的品格。

讓我們再舉一個例子：美國著名的作家凱恩是一個鐵匠的兒子，沒有受過八年以上的教育，可是他去世的時候，是世界上一位最富有的文人。

事情的經過是這樣的——凱恩喜歡詩詞，所以讀盡了羅塞蒂的詩，甚至寫了一篇演講稿，歌頌他在學術上的成就，並且送一份給他。羅塞蒂高興地表示：「一個年輕人，對我的才華有如此高超的見解，他一定很聰明。」

於是，羅塞蒂請這個鐵匠的兒子來倫敦擔任自己的私人秘書。凱恩一生的轉捩點，就是在這個時候。

他在這個新的職位上，見到許多當代的文學家，受到他們的指導和鼓勵，順利地開始自己寫作的生涯，使自己享譽世界。

他的故鄉在格利巴堡，現在已經是旅遊的聖地。他的遺產有兩百五十萬元，可是誰會知道，如果他沒有寫那篇演講稿，可能會默默無聞，貧困地離開這個世界。

這就是真誠，一股出自內心的讚賞的力量。

羅塞蒂認為自己很重要，那不稀奇，每個人都會認為自己很重要，國家也是如此。

你是否感覺到，自己比日本人優越？可是事實上，日本人以為自己比你優越。如果一個守舊的日本人，看到一個白人跟一個日本女人跳舞，會感到非常憤怒。

你以為自己比印度人優越？你有權利這樣想，可是他們的感覺跟你完全相反。

你以為自己比愛斯基摩人優越？你當然可以這樣想，可是你是否想要知道，愛斯基摩人對你有什麼看法？在他們的社會中，如果有一個好吃懶做、不務正業的人，他們會叫那種無賴漢「白人」，那是他們輕視一個人最刻薄的話。

每個國家都會覺得自己比其他國家優越，這樣就會產生愛國主義和戰爭。

有一個最明顯的真理，那就是：你遇到的任何人，幾乎都會覺得自己某個方面比你優秀。可是，有一個方法可以深入他的內心——讓他覺得你承認他在自己的世界裡是重要的，而且是真誠地承認。

不要忘記愛默生所說的：「我遇到的人，都有比我優秀的地方。在那些方面，我可以向他們學習。」

有些人覺得自己有一些成就，就感到自滿，結果引起別人的反感和憎恨。

莎士比亞這樣說：「人，驕傲的人，藉著一些短暫的能力，在上帝的面前胡作妄為，使天使為之落淚。」

我要告訴你，關於我的班上三個學生的故事，他們運用這個原理，獲得驚人的效果。第一位是康乃狄克州的律師，他不願意公開自己的名字，我們就用R先生來代替。

R先生來班上沒有多久，有一天，他開車陪妻子去長島拜訪親戚，妻子把他留下來，陪姑媽閒談，自己去拜訪其他親戚。R先生要把學習所得進行實地應用，以便將來寫一篇報告，於是想要從這位姑媽的身上開始。他看了看屋子周圍，有哪些地方是值得稱讚的？

他問姑媽：「這棟房子是一八九〇年建造的，是嗎？」

「是的，」姑媽回答，「正是那一年建造的。」

他又說：「這使我想起，我出生的那棟房子——非常漂亮，建築也很好，現在的人不講究這些。」

「是的，」姑媽點點頭，「現在的年輕人，已經不講究房子是否好看，只需要一間公寓和一台冰箱，或是一輛汽車而已。」

姑媽懷著回憶的心情，輕柔地說：「這是一棟理想的房子，這棟房子是用愛建造的。我和丈夫在建造之前，已經想了很多年。我們沒有請建築師，完全是我們自己設計的。」

姑媽帶著R先生，去每個房間參觀。R先生對她收藏的各種珍品，例如：法國式的床椅、古老的英國茶具、義大利的名畫、曾經掛在法國封建時代城堡裡的絲帷，真誠地加以讚美。

R先生說：「姑媽帶我參觀房間以後，又帶我去車庫，裡面停著一輛很新的帕卡德牌的汽車。」她輕柔地說：「這輛車子，是我的丈夫去世以前不久買的——自從他去世以後，我再也沒有坐過——你喜歡欣賞美麗的東西，我要把這輛車子送給你！」

R先生聽到這句話，感到很意外，委婉地拒絕：「姑媽，感謝你的好意，可是我不能接受。我已經有一輛新的車子，你有很多更親近的親戚，相信他們會喜歡這輛車子。」

「親戚？」姑媽提高聲音地說，「是的，我有很多更親近的親戚，他們希望我趕快離開這個世界，就可以得到這輛車子！可是，他們永遠無法得到！」

R先生說：「姑媽，你不願意送給他們，可以把這輛車子賣掉。」

「賣掉！」姑媽叫了起來，「我會賣掉這輛車子？我會看著陌生人開著這輛車子行駛在街上？這是我的丈夫特地為我買的，我做夢也不會賣掉。我願意送給你，是因為你知道如何欣賞美麗的東西！」

R先生委婉地拒絕，不願意接受姑媽的贈予，可是他不能傷害她的感情。

這位老婦人單獨一個人，住在寬敞的房子裡，對著這些精緻而珍貴的物品，緬懷一些以往的回憶——

她希望有一個人，跟自己有同樣的感受。她曾經有一段金色的年華，那個時候，她美麗動人，為男士們所追求。她建造這棟孕育「愛」的房子，並且從歐洲各地，收集很多珍品加以陳設裝潢。

現在，這位老婦人風燭殘年，孤零零的一個人，渴望可以獲得一些人間的溫暖，一些出於真心的讚美——可是，沒有人給她。於是，她發現自己找到的時候，就像沙漠中湧出一泓泉水，使自己感到激動，甚至願意把這輛帕卡德牌的汽車相贈。

讓我再舉一個例子，這是紐約一位園藝設計師麥馬漢說的故事：

我聽了「如何獲得友誼和影響別人」的演講以後不久，為一位著名的司法官設計園景。那位司法官提出自己的建議，在什麼地方應該栽種什麼花。

我說：「法官，你有很好的業餘嗜好——你那幾條狗都很可愛，我聽說你曾經獲得很多次賽狗會中的藍絲帶優等獎。」

這句話果然出現效果，那位司法官說：「是的，我對於養狗很有興趣，你要參觀我的狗舍嗎？」

他花費將近一個小時的時間，帶我去看他的狗和他得到的獎狀。他拿出關於那些狗的血統系譜，告訴我每條狗的血統——由於有優良的血統，所以這些狗活潑可愛。

他問我：「你有孩子嗎？」

我回答：「有！」

他又問我：「你的孩子喜歡狗嗎？」

我說：「是的，我相信他一定會喜歡。」

他點頭說：「太好了，我送他一條狗。」

他告訴我如何養狗，又說：「我這樣告訴你，你很快就會忘記，讓我寫下來給你。」

那位司法官進到屋裡，把他要送我的那條狗的血統系譜和餵養方法，用打字機清楚地打出來，然後給我一條價值百元的狗，同時花費一個小時十五分鐘的時間，那是我對他的嗜好和成就表示真摯的讚賞而獲得的結果。

柯達公司的伊士曼發明透明底片以後，活動電影的攝製才獲得真正的成功，也使他獲得億萬的財富，成為世界上一位著名的商人。他雖然有如此偉大的成就，可是仍然跟我們一樣，渴求別人的讚賞。

幾年以前，伊士曼在羅徹斯特創辦伊士曼音樂學院和基爾本恩音樂廳，這個音樂廳是用來紀念他的母親。紐約優美座椅公司經理亞當森，希望可以承辦這個音樂廳的座椅工程，他打電話給建築師，約他去羅徹斯特見伊士曼。

亞當森到了那裡，建築師說：「我知道你想要得到座椅的訂貨合約，但是我必須告訴你，伊士曼工作很忙，非常嚴肅，如果你佔用他五分鐘以上的時間，就不要打算再做這筆生意。他不僅忙碌，脾氣也很大，所以我告訴你，你快速地向他說明來意以後，立刻離開他的辦公室。」

亞當森聽了以後，就準備那樣做。

他被引進一間辦公室，看到伊士曼正在工作——處理桌上一堆文件。伊士曼發現有人進來，抬起頭摘下眼鏡，向建築師和亞當森說：「兩位早安，有何見教？」

建築師介紹他們認識以後，亞當森說：「伊士曼先生，我很羨慕你的辦公室。如果我有一間這樣的辦公室，也會高興地在裡面工作。你知道我從事室內木工營業，我從來沒有見過這樣漂亮的辦公室。」

伊士曼回答：「感謝你提醒我差點忘記的事情，這間辦公室很漂亮，是不是？這間辦公室布置完成以後，我確實非常喜歡，可是現在我工作太忙，有時候甚至幾個星期不會注意到。」

亞當森用手摸著辦公室的壁板，說：「這是不是英國橡木？它和義大利橡木的品質有些不同。」

伊士曼回答：「是的，這是進口的英國橡木，是一位專門研究木材的朋友為我特別挑選的。」

接著，伊士曼陪同他，參觀自己設計的室內陳設，包括木門、油漆色彩、雕刻。

他們在一扇窗戶前停下來，伊士曼和藹地表示，他要捐助羅徹斯特大學和公立醫院，為社會盡一些心意。亞當森熱忱地恭賀他，這是一項古道熱腸的慈善義舉。伊士曼打開玻璃櫥櫃的鎖，取出自己從前買的第一台攝影機——那是向一個英國人買下的發明品。

亞當森問他，當初如何開始商業上的掙扎和奮鬥。伊士曼感慨地敘述自己幼年時期的貧苦情景——他守寡的母親開了一家公司，他在一家保險公司工作，每天只賺五毛錢。由於受饑寒所困，所以他立志要刻苦奮鬥，以免母親辛勞至死。

亞當森又找一些話題，但是自己安靜地聽著！伊士曼談到實驗室的一段往事：他做實驗的時候，經常廢寢忘食而沒有休息；有時候，甚至穿上工作服，三天沒有脫下來。

亞當森是上午十點十五分進入伊士曼的辦公室，建築師曾經勸告他最多只能停留五分鐘，可是兩個小時過去了，他們仍然在談著。

最後，伊士曼對亞當森說：「上次，我去日本買了幾張椅子回來，我把它們放在陽台上。後來，陽光把椅子上的漆曬脫了，我買了一些油漆回來自己漆，要不要看看我漆椅子的技術如何？對了，你來我家，我們一起吃午餐，我讓你看看。」

午餐以後，伊士曼把自己漆的椅子拿給亞當森看——那些椅子，每張不會超過一．五元，事業上獲利億元的伊士曼，卻認為很自豪，因為那是他自己漆的。

基爾本恩音樂廳座椅訂貨的金額是九萬元。你猜，是誰得到訂貨合約？除了亞當森以外，還會有其他人？

從那個時候開始，直到伊士曼去世，他們保持親密的友誼。

我們應該從什麼地方開始，實施這種奇妙的方法？為什麼不從自己的家庭開始？我不知道還有其他地方更需要或是更可以忽略。我相信，你的妻子一定有自己的優點，至少曾經有過，否則你不會娶她。可是，你已經多久沒有讚賞她的美麗？多久了？有多久了？

有一次，我在新布藍茲維省的米拉米契河釣魚，獨居在加拿大森林的一個帳篷裡。那裡每天只能讀到鎮上出版的一份報紙，或許是空閒的時間太多，我把這份報紙刊登的每個字詳細地看過。有一天，我從報紙上「迪克斯婚姻指導」一欄裡，看到她的文章寫得非常好，把它剪下來保存。她那篇文章上這樣指出，她已經聽厭人們對新娘說的那些話，認為應該把新郎拉到一邊，給他一些聰明的建議。她的建議是：

> 不會甜言蜜語的人，不要結婚。結婚以前讚美女人，似乎已經是必然的事情，可是在結婚以後給她讚美，也是一種必須具備的職事，婚姻不只是要誠實，還要有外交的手腕。

想要每天過著快樂美滿的生活，不要指責你的妻子治家有不妥的地方，或是拿她和你的母親做毫無意義的比較。

反過來說，應該讚美她治家有方，而且還要有這樣的表示：認為自己很幸運，才可以得到一位賢內助。如果她把飯菜做壞了，幾乎使你無法入口，也不要抱怨，可以進行這樣的暗示：今天的飯菜，沒有過去那樣可口。有你這樣的暗示，她一定會不顧辛勞，直到你滿意為止。

不要突然開始這樣做，這樣會使你的妻子懷疑。

今天晚上，或是明天晚上，為她買一束鮮花，或是一盒糖果——不要只是嘴巴這樣說：「是的，我應該這樣做」，還要實際去做——給她一個溫柔的微笑，加上幾句甜蜜的話。如果丈夫和妻子都可以這樣做，我不相信每六對的夫妻中有一對會離婚。

想要知道如何使一個女人愛上你？是的，這裡有一個秘訣，絕對有效。這不是我想出來的，是我從迪克斯女士那裡借來的。

有一次，迪克斯女士去訪問一位已經成為新聞人物的「重婚者」。這個人曾經獲得二十三位女人的芳心，以及她們銀行裡的存款（這裡要說明的是，迪克斯女士是在監獄裡訪問他）。迪克斯女士問他，如何獲得女人的愛情，他說沒有什麼詭計，只要對女人談論她自己就可以。

這種技術用在男人身上，同樣有效。英國最聰明的首相迪斯雷利說：「對一個男人談論他自己的事情，他會安靜地聽幾個小時。」

所以，想要使別人喜歡你，第六條規則是：

使別人感覺自己很重要——必須真誠地這樣做。

一第三章一

獲取信任的十二種方法

How to Win
Friends and Influence People

Carnegie

在爭論中，獲得最大利益的唯一方法，就是避免爭論。尊重別人的意見，永遠不要指責別人是錯的。如果你錯了，迅速而鄭重地承認。以友善的方法開始，使對方很快地回答「是，是」。盡量讓對方有說話的機會，使對方以為這是自己的意念。真誠地以別人的觀點去看事情，同情別人的意念和欲望，激發他們更高尚的動機。使自己的意念戲劇化，提出一個挑戰。

爭論中沒有贏家

第一次世界大戰結束以後不久，有一天晚上，我在倫敦得到一個寶貴的教訓。那個時候，我是澳洲飛行家史密斯的經理人。第一次世界大戰期間，他代表澳洲在巴勒斯坦擔任飛行工作。戰事結束以後不久，史密斯在三十天中飛行地球半周，舉世為之震驚，澳洲政府頒贈五萬元獎金，英國王室授予他爵位。

這段時間，史密斯爵士在英國國旗下，是一個備受矚目的人物，可以譽稱他是不列顛帝國的林白。某個晚上，我參加歡迎史密斯爵士的宴會。坐在我旁邊的一位男士，說了一段幽默的故事，並且引用一句話。

說故事的那位男士，聲稱那句話出自《聖經》，其實他錯了。我知道那句話的來歷——我確實知道——我為了滿足自己的虛榮，並且要顯示自己的優越，毫無顧忌地糾正他的錯誤。那位男士堅持自己的說法——什麼？那句話出自莎士比亞？不可能，絕對不可能……那句話出自《聖經》，他也認為自己是對的。

那位說故事的男士坐在我的右邊，我的朋友克莫德坐在我的左邊。他花費很多年的時間研究莎士比亞的作品，所以那位男士和我同意把這個問題交給他決定。他安靜地聽著，在桌下踢我一下，然後說：「戴爾，是你錯了……這位先生是對的，那句話出自《聖經》。」

回家的路上，我對克莫德說：「你知道那句話出自莎士比亞的作品，為什麼說我錯了？」

克莫德回答：「是的，那是在莎士比亞的作品《哈姆雷特》第五幕第二場上。可是戴爾，我相信你應該知道，我們是一個宴會上的客人，為什麼一定要找出證明，指責別人的錯誤？這樣做，會讓別人喜歡你，對你產生好感？為什麼不給他留一些面子？他沒有徵求你的意見，也不需要你的意見，你又何必跟他爭論？最後，我要告訴你：永遠避免正面衝突，那樣才是對的。」

「永遠避免正面衝突！」說這句話的人已經去世了，可是他給我的教訓仍然存在。

那個教訓，使我受到很大的影響。小時候，我是一個固執倔強的人，喜歡跟兄弟們爭辯，進入大學以後，我研究邏輯和辯論，經常參加各項辯論比賽。後來，我在紐約教授辯論，甚至計畫寫一部關於辯論的書，幾年以後的今天，我還是羞於承認。

從那個時候開始，我曾經靜聽和批評，從事數千次的辯論，同時注意事後產生的影響。由於這些，使我得到一個結論，也是一個真理：世界上只有一種方法，可以得到爭論的最大勝利，那就是：避免爭論。避免爭論，就像避開毒蛇和地震一樣。

一場辯論結束以後，十次之中有九次，那些辯論的人更堅持自己的想法，相信自己是絕對正確的。

辯論無法獲勝，因為你真的失敗了，可是你如果獲勝，還是跟失敗一樣。為什麼？假設你在辯論中獲勝，不斷指責對方的意見，幾乎使他精神錯亂，可是結果又會如何？你非常高興，可是對方會怎麼樣？你使他感覺到自卑，你傷害他的尊嚴，他對你獲得勝利感到不滿。

你必須知道，自己的意見被別人說服的時候，仍然會固執地堅持自己是對的。

巴恩互助人壽保險公司為自己的員工制定一條規則，那就是：「不要爭辯」。

一個真正成功的推銷員，絕對不會跟顧客爭辯，即使輕微的爭辯，也加以避免。因為人類的思想不是那麼容易改變的。

幾年以前，有一個喜歡爭辯的愛爾蘭人叫做奧哈爾，來我的班上聽講。他沒有受過很好的教育，可是喜歡爭辯、挑剔別人。他曾經做過司機，後來是汽車公司推銷員，發現自己業績不理想才會來找我。我跟他談話以後，知道他推銷汽車的時候，不願意接受顧客的批評而發生口角。他對我說：「我聽了以後不服氣，教訓那個傢伙幾句，他不買我的東西。」

對於奧哈爾，我不是教導他如何說話，而是訓練他如何減少說話和避免跟人爭論。現在，他已經是懷特汽車公司的一位成功推銷員。奧哈爾是如何做的？他說出自己的那段經過：

「假如我走進別人的辦公室，對方這樣說：『什麼？懷特汽車……那樣不行，就算送給我，我也不會要，我想要買胡雪牌卡車。』聽他這樣說以後，我不僅不反對，而且順著他的口氣說：『老兄，你說得沒錯，胡雪牌卡車確實很好。如果你買他們的卡車，相信不會有錯。胡雪牌卡車是大公司的產品，推銷員也很厲害。』」

「他聽我這樣說，就沒有話可以說，想要爭論也無從爭論。他說胡雪牌卡車有多麼好，我完全不反對，他只好把話停住……他不會指著胡雪牌卡車，聲稱有多麼好。這樣一來，我找到一個機會，向他介紹懷特汽車的優點。」

「如果過去我遇到這種情形，我會覺得憤怒，而且說胡雪牌汽車有多麼不好……我越是說那家公司的汽車不好，對方越會說它有多麼好，爭辯越是激烈，越會使對方決定不買我的汽車。」

「現在回想起來，我不知道自己過去是如何推銷產品。由於這樣的爭論，使我失去許多寶貴的時間和金錢。現在，我學會如何避免爭論，如何少說話，使自己得到許多好處。」

就像聰明的富蘭克林經常說的：「如果你辯論和反駁，或許會得到勝利，可是那種勝利是短暫而空虛的……你永遠無法得到對方對你的好感。」

你可以為自己做這樣的衡量……想要得到空虛的勝利，還是人們賦予你的好感？這兩件事情，很少可以同時得到。

有一次，波士頓一本雜誌上刊登一首含義很深而且有趣的詩：「這裡躺著威廉・傑伊的身體，他死的時候認為自己是對的，死得其所，但是他的死就像他的錯誤一樣。」

進行辯論的時候，或許你是對的，可是想要改變對方的意志，即使你是對的，也跟錯的一樣。

麥卡杜是威爾遜總統任內的財政部長，在從事多年政治經驗中得到一個教訓：「我們絕對不可能用辯論使一個無知的人心服口服。」

麥卡杜先生說得太溫和了。根據我的經驗，不只是無知的人，任何人都不可能用辯論改變他的意志。

為了一筆九千元的帳款，所得稅顧問帕森斯與政府稅收稽查員發生衝突，爭論一個小時。帕森斯指出，這是一筆永遠無法收回的呆帳，所以不應該徵收別人的所得稅。那個稽查員反對地說：「呆帳？我認為必須要繳稅。」

帕森斯在班上說：「跟這種冷厲、傲慢、固執的稽查員講理，等於是廢話……跟他爭論越久，他越是固執，所以我決定避免跟他爭論，換一個話題，開始讚美他。」

我這樣說：「這個問題對你來說，是一件很小的事情，因為你處理很多這類的問題……我雖然曾經研究稅務，卻是從書上得到的知識，至於你知道的，都是由實際經驗中得來。我羨慕你有這個職位，跟你在一起，使我獲益匪淺。」

我跟他說的都是實話，他在椅子上挺直腰桿，開始談論自己的工作經驗，說出許多自己發現的弊案。他的語氣逐漸變得平和，然後說到自己的孩子。臨走的時候，他對我說，他會再考慮這個問題，過幾天給我答覆。

三天後，他又來見我，那筆帳款按照稅目辦理，決定不徵收。

這個稽查員顯露出一種最常見到的人性弱點，他需要的是一種自重感。帕森斯跟他爭論，他會延伸自己的權威以獲得自己渴求的自重感。如果有人承認他的重要性，這個爭論就會自然地停止。由於他的「自我」已經延伸，就會變成一個和善而有同情心的人。

拿破崙家裡的管家，經常和約瑟芬打撞球。在他著作的《拿破崙私生活回憶錄》中，曾經有這樣一節：「我知道自己球藝很好，但是我總是設法讓約瑟芬勝過我，這樣會使她很高興。」

我們要讓顧客、男女朋友、丈夫或是妻子，在細小的爭論上勝過我們。

釋迦牟尼這樣說：「恨永遠無法止恨，只有愛可以止恨。」所以，誤會不能用爭論來解決，要用外交手腕和賦予對方同情來解決。

有一次，林肯責備一位年輕軍官，因為他與同事發生衝突。林肯說：「一個成就大事的人，不能經常和別人計較，消耗自己的時間和別人爭論。無謂的爭論，不僅會損害自己的性情，也會失去自己的自制力。在盡可能的情形下，可以對別人謙讓一些。與其跟一條狗同路走，不如讓狗先走。如果被狗咬一口，即使把這條狗打死，也無法治癒自己的傷口。」

所以，想要獲得人們對你的同意，第一條規則是：

在爭論中，獲得最大利益的唯一方法，就是避免爭論。

如何避免製造敵人？

羅斯福在白宮的時候，曾經這樣承認：如果每天有七五％的時間是對的，那是到達自己最高程度的標準。

如果這個最高程度的標準是二十世紀最受人們注意的人希望的，我們又應該如何？

如果你可以確定，每天有五五％的時間是對的，你可以在華爾街，一天賺進百萬美元，買遊艇，娶舞女。如果你無法確定，每天有五五％的時間是對的，為什麼可以指責別人的錯誤？

你可以用神態、聲調、手勢，告訴一個人他錯了，這是很容易可以做到的……如果你告訴他錯了，你以為他會感謝你？不，永遠不會！因為，你對他的智力、判斷、自信、自尊，直接給予打擊，他不會改變自己的意志，而且還會向你反擊。如果你運用柏拉圖或是康德的邏輯跟他理論，他還是不會改變自己的意志，因為你已經傷害他的自尊。

絕對不要這樣說：「你不承認自己錯了，我可以證明給你看。」這句話等於是說：「我比你聰明，我要用事實來糾正你的錯誤。」

那是一種挑戰，會引起對方的反感，不需要等你再開口，他已經準備接受你的挑戰。即使運用最溫和的措辭，要改變別人的意志，也是很不容易的，何況處於那種不自然的情況下，你為什麼不阻止自己？

如果要糾正某人的錯誤，不應該直率地告訴他，要運用一種非常巧妙的方法，才不會得罪他。

就像切斯特菲爾爵士對自己兒子說的：「我們要比別人聰明，可是你不能告訴他，你比他聰明。」

人們的觀念是隨時在改變的。二十年前，我認為對的事情，現在看來似乎是不對的。我甚至在研讀愛因斯坦理論的時候，也開始抱持懷疑的態度。再過二十年，我或許不相信自己在這本書上寫下的東西。現在，我對任何事情不像從前那樣敢於確定。蘇格拉底經常跟自己的門徒這樣說：「我知道的只有一件事情，那就是：我什麼也不知道。」

我不希望自己比蘇格拉底更聰明，所以避免告訴別人他錯了。同時我也覺得，那樣確實對自己有益。

有人說一句你認為錯誤的話，你知道他說錯了，如果用以下的口氣來說，似乎比較好：「好吧，讓我們來討論一下……可是我有另一種看法，也許是不對的，因為我經常把事情弄錯，如果我錯了，我願意改正……現在讓我們看看究竟是怎麼回事。」

所有人絕對不會責怪你這樣說：「也許是不對的，讓我們看看究竟是怎麼回事！」

即使是科學家，也是如此。有一次，我去拜訪史蒂文生，他是一位科學家，也是一位探險家。他曾經在北極圈一帶住了十一年，其中六年的生活，除了水和肉以外，吃不到其他東西。他告訴我，自己在進行一項實驗！我問他，那項實驗是關於哪個方面的求證。他回答的話，使我永遠無法忘記。他說：「一個科學家，永遠不敢求證什麼，我只是嘗試去尋找事實。」

你希望自己的思想科學化，是不是？是的，除了你自己以外，沒有人可以阻止你。如果你承認自己隨時有可能犯錯，就可以免去所有麻煩，也不必跟任何人辯論。別人受到你的影響，也會承認自己難免有錯誤。

如果你知道有人確實犯錯了，直率地告訴他、指責他，會發生什麼樣的後果？讓我舉出一個特殊的例子：S君是紐約一位年輕的律師，最近在美國最高法院辯護一個重要案件，這個案件牽涉一筆巨額的金錢和一個重要的法律問題。

在辯護過程中，一位法官對S君說：「海軍法的申訴期限是六年，是不是？」

S君沉默一下，目視法官片刻，然後直率地說：「法官閣下，海軍法之中沒有這樣限制的條文。」

S君在我的班上，敘述當時的情形：「我說出這句話以後，法庭頓時沉寂下來，這間屋子裡的氣溫似乎就在剎那之間降到零度。我是對的，法官是錯的，我告訴他。可是，他是不是會對我友善，不……我相信自己有法律的根據，而且我也知道那次說的比以前更好。但是我沒有說服那位法官，我犯了大錯，我直接告訴一位很有學問而且著名的人物——他錯了。」

很少人有邏輯性，大多數的人都有成見，我們被嫉妒、猜疑、恐懼、傲慢傷害。很多人不願意改變自己的宗教和意志，甚至包括自己的髮型。所以，假如你準備告訴別人他們犯錯的時候，請你每天早餐以前，讀一段羅賓遜教授寫的文章。他是這樣寫的：

有時候，我們發現自己會在毫無抵抗和阻力中，改變自己的意念。可是，如果有人告訴我們自己犯下的錯誤，我們會感到懊惱和憎恨。我們不會注意一個意念的養成，可是有人要抹去那個意念的時候，我們對這個意念突然變得堅實而固執。並非是我們對那個意念有強烈的偏愛，而是我們的自尊受到傷害。

「我的」這兩個字，在人與人之間，是一個最重要的措辭，如果可以適當地運用這兩個字，就是智慧的開端。無論是「我的」飯，「我的」狗，「我的」屋子，「我的」父親，「我的」上帝，這個言辭具有同樣的力量。

我們不僅反對有人指責我們的錯誤，或是我們的汽車太舊，而是不願意有人糾正我們任何的錯誤。對於一件自己認為「對」的事情，總是願意繼續相信它。如果有人對我們有某種懷疑，就會激起我們強烈的反感，進而用各種方法來辯護。

有一次，我請一位室內裝潢師為我配置一套窗簾。等到他把帳單送來，我嚇了一跳。

過了幾天，有一個朋友來我家，看到那套窗簾，提到價錢，幸災樂禍地說：「什麼……那太不像話了，可能是你自己不小心，被他騙了吧！」

真有這麼回事？是的，她說的是實話，可是人們不願意聽到這類的實話，所以我竭力為自己辯護。我這樣說：「價錢昂貴的東西，總是好的。」

第二天，另一個朋友到我家中，她對那套窗簾誠懇地加以讚賞，並且表示，希望自己有一套那樣的窗簾。我聽到這句話以後，跟昨天的反應完全不同。我說：「說實在的，我配製這套窗簾，價錢太貴了，我現在有些後悔。」

我們犯錯的時候，或許會對自己承認。如果對方可以給我們承認的機會，我們會非常感謝，不用對方說，我們就會承認。如果有人把不合胃口的事實往我們的喉嚨塞下去，我們永遠無法接受。

美國內戰時期，一位著名的輿論家格里利跟林肯的政見不合，他以為運用嘲笑和謾罵的爭辯方法可以讓林肯接受自己的意見。他連續不斷地攻擊林肯，一月又一月，一年又一年，林肯被刺殺的那天晚上，他也寫了一篇粗魯刻薄的文章嘲笑林肯。

這些苛刻的攻擊，可以使林肯屈服？不，永遠不可能。

如果你想要知道，人與人之間如何相處，如何管理自己，如何改善自己的個性，可以看《富蘭克林自傳》。這是一部有趣的傳記，也是一部美國文學名著。

在這部自傳中，富蘭克林指出，他如何改正自己喜歡爭辯的惡習，使自己成為美國歷史上一位能幹、和藹、善於外交的人物。

從前，富蘭克林是一個經常犯錯的年輕人。有一天，一個教友會裡的老教友把他叫到一邊，狠狠地教訓他。

「班傑明」，這個老教友叫著富蘭克林的名字，「你太不應該了。你打擊跟自己意見不合的人，現在已經沒有人會在乎你的意見。你的朋友發現你不在場的時候，自己會獲得更多的快樂。你知道得太多了，以致再也不會有人告訴你任何事情……其實，除了現在非常有限的知識以外，你不會再知道更多了。」

據我所知，富蘭克林可以獲得成功，要歸功於那個老教友尖銳有力的教訓。那個時候，富蘭克林的年紀已經不小，有足夠的聰明來領悟其中的道理。他已經知道，如果不痛改前非，將會遭到社會唾棄。所以，他把自己過去不符合實際的觀念，完全改變過來。

富蘭克林這樣說：「我為自己制定一個規則，不讓自己在意念上跟任何人有不相符的地方，不固執己見。只要有肯定含義的字句，例如：『當然』，『毫無疑問』，都改用『我推斷』、『我揣測』、『我想像』來替代。別人肯定地指出我的錯誤，我放棄立刻向他反駁的意念，而是委婉的回答……在某一種情形下，他指出的情形是對的，但是現在可能有些不同。」

「不久，我就感覺到，由於自己態度改變而獲得的益處……我參與任何談話的時候，感到更融洽、更愉快。我謙卑地提出自己的見解，他們會快速地接受，很少有人反對。我向別人指出自己的錯誤，不會感到懊惱。我的見解『對』的時候，更容易使他們放棄自己的錯誤，接受我的見解。」

「這種做法，剛開始嘗試的時候，『自我』激烈地趨向敵對和反抗，後來自然地形成習慣。在過去五十年中，可能已經沒有人聽我說出一句武斷的話。在我想來，那是由於這種習慣的養成，使我每次提出建議的時候，都會得到人們熱烈的支持。我不善於演講，沒有口才，用字艱澀，說出來的話不得體，可是大多數的見解，都可以獲得人們的贊同。」

富蘭克林的方法用在商業上又是如何？我們可以舉出兩個例子：

紐約自由街一一四號的馬霍尼，出售煤油業專用的設備。長島一個客戶向他訂製一批貨，那批貨的製造圖樣已經呈請批准，機件已經在開始製造中，可是一件不幸的事情忽然發生了。

這位客戶跟自己的朋友談到這件事情，那些朋友提出許多意見和看法。他聽朋友們這樣說，頓時感到煩躁不安。他立刻打電話給馬霍尼，拒絕接受那批正在製造中的機件。馬霍尼先生說出當時的情形：

我細心地查看，發現我們沒有錯誤，我知道這是他和他的朋友們不瞭解這些機件的製造過程。可是，如果我直率地說出那些話，不僅不適當，而且對這項業務的進展非常不利，所以我立刻前往長島……我走進他的辦公室，他立刻從椅子上跳起來，指著我聲色俱厲，要跟我打架似的。最後，他說：「現在你打算怎麼辦？」

我心平氣和地告訴他，他有什麼要求，我都可以答應。我對他這樣說：「你是出錢的人，當然要給你適用的東西。如果你認為自己是對的，再給我一張圖樣……由於進行這項工作，我們已經花費兩千元。我寧願犧牲兩千元，把進行中的工作取消，重新開始。但是我必須先說，如果按照這張圖樣進行製造，有任何問題，我們不需要負責。如果按照我們的計畫進行製造，有任何問題，我們全部負責。」

聽我這樣說，他的怒火似乎逐漸平息：「好吧，照常進行，如果有任何問題，只能懇求上帝幫助你。」

結果，最後是我們做對了，現在他又向我們訂購兩批貨。

那個客戶侮辱我，幾乎要向我揮拳的時候，我用盡所有的自制力，盡量不讓自己跟他爭論。那需要有很強的自制力，可是我做到了，那也是值得的。

如果我告訴他，那是他的錯誤，並且開始爭論，或許還會向法院提出訴訟。結果不只是雙方產生反感，以及經濟上的損失，也會失去一個重要的客戶。我深刻地體會到，如果直率地指出別人的錯誤，那是不值得的。

讓我們再來看第二個例子。不要忘記，我舉出的例子，你隨時可能會遇到！情形是這樣的：紐約泰洛木材廠的推銷員克勞利，這些年以來，總是在說木材檢查員的錯誤。他經常在爭論中獲勝，可是沒有得到任何好處。就是因為喜歡爭辯，使他的兩家木材廠損失上萬元。他來我的班上聽講以後，決定改變自己的做法，不再爭辯。結果如何？這是他提出的報告：

有一天早晨，辦公室的電話響了，那是一個憤怒的顧客打來的，他說我們送去工廠的木材完全不適用。他的工廠已經停止卸貨，並且要求我們立刻把那些木材運走。他們卸下一車木材的四分之一，他們的木材檢查員說，木材在標準等級以下五五%，在這種情形下，他們拒絕收貨。

我知道這個情形以後，立刻去他的工廠。在路上，我不斷地思考，如何才是處理這件事情的最好方法。平時我遇到這種情形，就要引證木材分出等級的各項規則，同時以自己做檢查員的經驗和常識，獲取那個檢查員的信任。我有充分的自信，木材確實符合標準，那是他在檢查上誤解規則。可是，我還是運用在講習班學到的原則。

我來到那家工廠，看到採購員和檢查員的表情很不友善，似乎已經準備要跟我交涉和談判。我到他們卸木材的地方，要求他們繼續卸貨，讓我看看錯誤出在什麼地方。我請那個檢查員把合格的木材放在一邊，不合格的木材放在另一邊。

我看了一段時間以後，發現他的檢查似乎過於嚴格，而且誤解規則。這次的木材是白松，我知道他只有學過關於硬木的知識，對於白松不是很內行。我對白松知道得最清楚，可是我對他有不友善的意思？不，絕對沒有。我只是注意他如何檢查，試探地問他那些木材不合格的原因在什麼地方。我沒有任何暗示，並且指出是他錯了。我只是做出這樣的表示——為了以後送木材的時候不再發生錯誤，所以才會不斷地發問。

我以友善合作的態度跟他交談，同時稱讚他謹慎能幹，他找出不合格的木材是對的。這樣一來，我們之間的緊張氣氛逐漸消失，接著也就融洽起來。我會自然地插進一句話，那是經過我鄭重考慮的話，使他覺得那些不合格的木材應該是合格的。可是我說得很含蓄，讓他知道我不是故意這樣說。

逐漸地，他的態度改變了！他向我承認，自己對白松那類的木材沒有很多經驗，開始向我請教許多問題。我向他解釋，如何分辨木材是否符合標準。我又做出這樣的表示——如果不符合他們的需要，他們可以拒絕收貨。最後，他發現錯誤在於自己，原因是他們沒有說明需要最好的木材。

我離開以後，他又將全車的木材檢查一遍，而且全部接受，我也收到一張即期支付的支票。

從這件事情看來，任何事情只要運用一些方法，不需要告訴對方他錯了。對我來說，我為公司省下一百五十元的損失，但是雙方留下的好感，不是用金錢可以評估的。

十九個世紀以前，耶穌曾經這樣說：「贊同你的反對者。」

換句話說，不要跟你的顧客、丈夫、對手爭辯，不要指責他錯了，不要激怒他，可以用一些外交手腕。

在耶穌出生前兩千兩百年，埃及國王教導自己的兒子：「要用外交手腕，才可以幫助你達到自己希望的目的。」

所以，想要獲得人們對你的同意，第二條規則是：

尊重別人的意見，永遠不要指責對方是錯的。

如果錯了，就要及時認錯

我住在紐約這個城市的地理中心區，可是從家裡步行不到一分鐘，就有一片樹林。春天來臨的時候，樹林裡野花盛開，松鼠在那裡築巢，養育自己的孩子，馬尾草長得有馬頭那麼高。這片完整的林地，人們稱它為「森林公園」。

那裡是一片森林，可能跟哥倫布發現美洲的情景沒有多大區別。我經常帶著那條波士頓鬥牛犬雷克斯去公園散步，牠是一條可愛馴良的小狗，由於公園裡很少看到人，所以我沒有為雷克斯繫上皮帶或嘴套。

有一天，我和雷克斯在公園中看到一個騎著馬的警察，一個急於要顯示自己權威的警察。

他大聲地對我說：「你讓那條不戴嘴套的狗在公園亂跑，難道不知道那是違法的？」

我柔和地回答：「是的，我知道。但是我認為，牠不會在這裡傷害人。」

他生氣地說：「你認為？不用你認為，法律不管你怎麼認為……那條狗會傷害這裡的松鼠，也會咬傷來這裡的兒童。這次我原諒你，下次我看到那條狗不繫皮帶，不戴嘴套，你就要去跟法官解釋。」

我點點頭，答應遵守他說的話。

我真的遵守那個警察的話，但是只遵守幾次，因為雷克斯不喜歡戴上嘴套，我也不想給牠戴上……所以，我們決定碰碰運氣。起初安然無事，有一次，我終於碰到一個「釘子」。我帶雷克斯跑到一座小山上，朝前面看去，看到那個騎馬的警察。雷克斯不知道怎麼回事，牠在我前面，蹦蹦跳跳，往警察那邊衝去。

我知道事情壞了，所以不等那個警察開口，就這樣說：「警官，我願意接受你的處罰，因為你上次說過，在這個公園裡，狗沒有戴上嘴套，是觸犯法律的。」

那個警察用柔和的口氣說：「哦……我知道在沒有人的時候，帶著一條狗來公園走走，是很有意思的！」

我苦笑一下，說：「是的，很有意思。只是，我已經觸犯法律。」

那個警察為我辯護：「像這樣一條狗，不可能會傷害人。」

我認真地說：「可是，牠可能會傷害松鼠！」

那個警察對我說：「那是你把事情看得太嚴重……我告訴你怎麼辦，只要讓那條狗跑過山丘，不要讓我看到，這件事情就算了。」

這個警察具有一般的人性——需要得到一種自重感。我承認錯誤的時候，他唯一可以滋長自重感的方法，就是採取寬容的態度，顯示自己的仁慈。

那個時候，如果我跟他爭論，得到的結果跟現在完全相反。我不跟他爭論，我承認他是正確的，我是錯誤的。我迅速而坦白地承認自己的錯誤，這件事情由於我說出他的話，然後他為我辯護，所以圓滿地結束。這個警察上次用法律來恐嚇我，這次卻原諒我，就算是切斯特菲爾爵士，也不會像他那樣仁慈。

假如我們已經知道要受到處罰，為什麼不先責備自己，找出自己的缺點，是不是比從別人嘴裡說出的批評更好受？

如果在別人責備你之前，立刻承認自己的錯誤，他想要說的話，你已經先說了，他沒有話可以說，你有九九%的機會可以獲得他的諒解，就像那個騎馬的警察對我和雷克斯一樣。

華倫是一位商業美術家，曾經用這種方法獲得一個粗魯無禮的客戶的信心與好感。他回憶這件事情的經過：

為廣告商或是出版社繪畫的時候，最重要的是簡明準確。

有一些美術方面的編輯人員，要求立刻為他們完成他們交代的工作。在這種情形下，很難避免一些輕微的錯誤。在我認識的人之中，有一個負責美術方面業務的客戶，最喜歡挑剔批評，我經常會不愉快地離開他的辦公室。並非由於他的挑剔和批評使我不愉快，而是他指出的問題不適當。

最近，我提交一幅在匆忙中完成的畫，後來我接到他的電話，要我立刻去他的辦公室……果然不出我所料，他一臉怒容，似乎要給我一個教訓。我突然想到，在講習班學到的「自己責備自己」的方法。所以，我立刻說：「先生，我知道你不高興，那是我不可寬恕的疏忽。我為你畫了這麼多年的畫，應該知道怎麼畫才對……我感到非常慚愧！」

那個客戶聽我這樣說以後，卻為我辯護：「是的，雖然如此，但是不算太壞，只是……」

我接著說：「不管有多麼壞，總會受到影響，讓別人覺得討厭……」他想要說話，可是我不讓他說。這是我有生以來第一次批評自己，我很願意這樣做，所以我又說：「我應該多加注意，你已經給我很多業績，應該得到自己滿意的東西……我把這幅畫帶回去，重新畫一幅。」

他搖搖頭，說：「不，不……我不想讓你有更多麻煩……」他開始稱讚我，真誠地對我說，自己要求的，只是一個小小的修改。他又指出，這個錯誤不會對公司的利益造成損害。他又告訴我，這是一個細微的錯誤，不需要太顧慮。

由於我急於批評自己，使他怒氣全消。最後，他請我吃午餐，我們告別的時候，他簽了一張支票給我，委託我另一件工作。

任何一個愚蠢的人，都會盡力辯護自己的錯誤；一個可以承認自己錯誤的人，可以使自己出類拔萃，並且給人們尊貴和高尚的感覺。

歷史記載，美國南方的李將軍做出一件最完美的事情，就是為皮克特在蓋茲堡之役的失敗自責，將戰役的失敗歸咎到自己身上。

皮克特的那次衝鋒戰，是西方歷史上最光榮的一次戰爭。皮克特風度翩翩，長得非常英俊。他褐色的頭髮留得很長，幾乎落到肩背上……就像拿破崙在義大利戰役中一樣，他每天在戰場上忙著寫情書。在慘痛的七月的一個下午，他得意地騎著馬，奔向聯軍陣線，那種英武的姿態，贏得所有士兵的喝采，並且追隨他向前挺進。北方聯軍陣線的軍隊朝這邊看來，看到這樣的軍隊，忍不住低聲地讚美。

皮克特帶領的軍隊迅捷地向前推進，經過果園、農田、草地，橫過山峽……終於，敵人的炮火朝他們猛烈地襲來，可是他們依然勇敢地向前推進。

突然之間，埋伏在山背石牆隱僻處的聯軍從後面蜂擁而出，朝著沒有準備的皮克特軍隊槍炮齊射，山頂烈火熊熊，好像火山爆發。在幾分鐘內，皮克特帶領的五千人軍隊，幾乎有五分之四倒下來。

亞米斯德帶著殘餘的軍隊躍過石牆，用刀尖挑起軍帽，激動地說：「弟兄們，殺啊！」

頓時士氣大增，他們躍過石牆，短兵相接，一陣肉搏以後，終於把南軍的戰旗豎立在那座山頂上。戰旗在山頂上飄揚，雖然時間很短暫，卻是南方盟軍戰功的最高紀錄。

皮克特在這場戰役中，雖然獲得人們對自己光榮而勇敢的讚譽，可是也是他結束的開始——李將軍失敗了！他知道已經無法深入北方。

南軍失敗了！

李將軍受到沉重的打擊，懷著悲痛而懊悔的心情，向南方同盟政府總統戴維斯提出辭呈，請求另派「年富力強的人」來領軍。如果李將軍把皮克特的慘敗歸咎到別人身上，他可以找出幾十個理由——部分將領不盡責，馬隊後援太遲，無法及時協助步兵進攻。這又不是，那又不對，可以找出很多理由。

可是李將軍不責備別人，不歸咎於別人。皮克特帶領殘軍回來的時候，李將軍獨自去迎接他們，令人敬畏地自責說：「都是我的錯，這次戰役的失敗，我應該負起所有責任。」

載入歷史的名將中，很少有人有這種勇氣和品格，敢於承認自己的錯誤。

哈伯德的作品，對讀者有強烈的煽動性，那種譏諷的文字，經常引起人們對他的反感和不滿。可是，他有一套特殊的待人技巧，可以將一個敵人變成自己的朋友。

例如：有些憤怒的讀者寫信批評他的作品，哈伯德會給他們一個回答：「……是的，在我思考之後，自己也無法完全贊同。我昨天所寫的，今天也許會不以為然。我想要知道，你對這個問題的看法，下次你到附近的時候，歡迎來我這裡聊天，我會跟你緊緊地握手。」

如果收到這樣一封信，你會說什麼？

如果我們是對的，巧妙而委婉地讓別人贊同自己的觀點。可是，我們犯錯的時候，要快速而坦白地承認自己的錯誤。運用這種方法，不僅可以獲得驚人的效果，而且在一些情形下，比為自己辯護更有趣。

不要忘記那句話：「用爭奪的方法，永遠無法得到滿足，可是謙讓的時候，可以得到比自己期望的更多。」

所以，想要獲得人們對你的同意，第三條規則是：

如果你錯了，迅速而鄭重地承認。

使你走上理智的道路

如果你在憤怒的時候對別人發脾氣，對你來說，雖然發洩心中的憤怒，可是對方又會如何？他可以分享你的輕鬆和快樂？你挑戰的口氣，仇視的態度，他可以忍受？

威爾遜總統這樣說：「如果你握緊兩個拳頭來找我，我可以告訴你，我的拳頭會握得更緊。你來我這裡，如果這樣說：『讓我們坐下一起討論，如果我們之間意見不同，可以思考一下，原因到底是什麼，主要的癥結是什麼。』不久之後，我們就可以看出，彼此的意見相距不遠，不同的地方很少，相同的地方很多。也就是說，只要忍耐，加上彼此的誠意，我們就可以更接近。」

洛克菲勒對威爾遜總統這句話含有的真理非常欣賞，那是一九一五年的事情。洛克菲勒在科羅拉多州聲名狼藉，受到人們極度的輕視。那次是美國工業史上流血最多的罷工，震驚這一州有兩年的時間。

那些憤怒的礦工要求科羅拉多煤鐵公司提高薪水，那家煤鐵公司就是洛克菲勒負責的。那個時候，房屋被礦工們破壞，最後不得已，調動軍隊來鎮壓。流血事件接連發生，很多礦工死在槍口下。

就在那個時候，仇恨的氣氛繚繞在每個角落，可是洛克菲勒想要獲得那些礦工的諒解，他真的做到了。他如何完成這件事情？事情的經過是這樣的：

洛克菲勒花費幾個星期的時間去結交朋友，然後他對工人代表們進行演說。這篇演講稿是成功的傑作，產生驚人的效果，把工人們的憤怒完全平息下來。他完成這次演說，獲得很多人的讚賞。在這次演說中，他表現出友善的態度，使那些罷工的礦工都回去工作。其中最重要的一件事情，就是加薪的問題，可是這些工人沒有在這件事情上提到一個字。

這裡就是這篇著名的演講稿，注意它在語句之間流露出來的友善精神。

不要忘記，洛克菲勒這次演說是說給幾天前想要把他的脖子吊在酸蘋果樹上的人聽的。可是他說的話，比醫生和傳道者更和藹而謙遜。

在這次演說中，他運用這樣的語句：……可以來這裡，我感到很榮幸……我去拜訪你們的家庭……見到你們的妻子和孩子們……我們在這裡見面，就像朋友一樣，不會生疏……我們有友善互助的精神……為了我們的利益……承蒙你們的厚愛，我才可以到這裡。

洛克菲勒開始就說：「這是我一生中最值得紀念的一天，也是我第一次有這樣的榮幸，和公司的工人代表、員工、督察在一起。這樣的聚會，使我畢生難忘，使我感到榮幸。如果在兩個星期以前舉行這個聚會，我站在這裡，簡直就是一個陌生人，即使有認識的人，在你們之中也不多。」

「前些日子，我有機會去南煤區的住所，跟各位代表進行個別談話，拜訪你們的家庭，見到你們的妻子和孩子們，所以今天我們在這裡見面，都是朋友，而不是陌生人。在這種友善互助的精神下，我很高興有這樣的機會，跟你們討論關於我們共同利益的事情。」

「這次的聚會，包括公司的員工和工人代表，我可以來這裡，都是承蒙你們的厚愛，因為我不是公司員工，也不是工人代表。可是我覺得，自己和你們之間的關係非常密切，因為我是代表股東和董事。」

如果洛克菲勒運用另一種方法，和那些礦工進行辯論，就在他們的面前，用可怕的事實痛斥和威脅他們，同時指出他們犯下的錯誤，這個結果又會如何？一定會激起更多的憤怒、更多的仇恨，那些礦工會有更多的反抗。

如果有一個人，他的心中已經對你有成見，就算你找出所有的邏輯和理由，也無法使他接受你的意見。如果用強迫的手段，更無法使他接受你的意見，但是如果用和善的友誼、溫和的言語，我們可以引導他同意。

林肯大概在一百年以前就說過類似的話：「一滴蜂蜜可以比一加侖的膽汁，誘捕到更多的蒼蠅。」我們對別人也是如此，如果要別人同意你的見解，先讓他相信你是他的忠實朋友，就會有一滴蜂蜜，黏住他的心，你就可以走向寬暢而理智的道路。

以商人來說，知道如何運用和善的態度來對待罷工者，那是值得的。現在舉出一個例子：

懷特汽車公司兩千五百個工人，為了增加薪水，組織工會罷工，公司的經理布萊克沒有震怒、斥責、恐嚇，反而對工人們誇獎和稱讚。他在報紙上刊登一個廣告，稱讚他們的做法是「放下工具的和平方法」。

他看到罷工的糾察人員無事可做，就去買了幾套棒球，請他們在空地上打球。為了有些喜歡玩保齡球的人不至於無事可做，他還為他們租了一間房子。

布萊克和善的態度，使自己獲得友善的效果。那些罷工的工人，找來很多掃把、鐵鏟、垃圾車，開始打掃工廠的環境。試想，那些罷工的工人，在要求加薪和承認工會的時候，整理工廠的環境，這種情形在美國勞資糾紛中實在是很少見。那次的罷工，在一個星期內和解結束，沒有任何反感和怨恨地結束。

韋伯斯特的模樣像一位天神，說話像耶和華，他是一位最成功的律師——只提出自己有力的見解，從來不做無謂的爭辯。他平時運用溫和的措辭，引述自己最有力的理由。

他經常使用的語句就像：「各位陪審員考慮的這一點……」「這個情形似乎有探索的必要……」「這幾項事實，我相信你們不會忽略……」或是這樣說：「我相信你們有對人情上的瞭解，所以很容易看出這些事實的重要……」

韋伯斯特說的話，沒有脅迫、沒有高壓，不將自己的意見加在別人身上。他使用輕鬆而友善的方法，這種方法使他成名。

你可能永遠不會被請去解決一次罷工，或是對法院陪審員發言。可是，也許你希望減少自己的租金，這種友善的方法可以幫助你。讓我們來看看：

工程師史德伯覺得自己住的房子租金太高，希望可以減少一些，可是他知道房東是一個堅持己見的老頑固。他在講習班上說：

我寫一封信給房東，告訴他，租約期滿就要搬出自己的公寓，其實我不想搬出去，如果可以減少租金，我還是願意繼續住下去。可是我知道情況不樂觀，因為其他房客已經試過了，結果都失敗了。他們告訴我，房東是一個很難應付的人。可是我對自己說，自己正在研究如何應付人的課程，可以在那個房東的身上試試，看看效果如何。

房東收到我的信以後，帶著他的秘書來找我，我在門口用熱烈歡迎的方式歡迎他。我沒有開始說租金很高那件事情，而是開始說如何喜歡這間公寓。我稱讚他管理房子的方法，同時我告訴他，自己非常願意繼續住下去，可是我的經濟能力使我無法負擔。

我相信，他從來沒有受到房客這樣的歡迎，他幾乎是手足無措。

接著，他告訴我，自己遇到的許多困擾——有些房客經常向他抱怨。其中有一個房客，曾經寫十四封信給他，有些簡直是侮辱。還有一個房客恐嚇他，除非樓上的人睡覺不打呼，否則就要取消租約。

房東對我說：「有你這樣滿意的房客，對我來說，那是再好不過的。」然後，沒有等我開口，他主動地減少一些租金。我希望租金可以再減少一些，說出自己可以負擔的數字，他沒有說一句話就接受了。

臨走的時候，他這樣問我：「你的房間有沒有需要裝修的地方？」當時，我如果使用其他房客的方法，要求房東減少租金，我相信自己會遇到和他們同樣的情形。是友善、讚賞、同情的方法，使我得到這個效果。

讓我們再舉一個例子！那是一位在社交上很有聲望的女士的經驗之談，她是長島沙灘花園城的戴爾夫人。她說：

最近，我請幾個朋友吃午餐，對我來說，這是一個重要的宴會，我希望所有事情都可以如意。管家艾米在這類事情上，是我一個得力的助手。可是這一次，他使我失望了。那次午餐的飯菜弄壞了，艾米也沒有到場，只派一個廚師侍者來。這個侍者對高級宴會的情形完全不瞭解，把這次宴會弄得糟透了。我在心裡恨透了，但是在客人面前，只能勉強賠笑，我對自己這樣說：「見到艾米以後，一定不饒他。」

這是星期三的事情，第二天，我聽了關於人際關係學的演講，聽完以後，領悟到責備艾米沒有任何用處。如果事情嚴重，反而使他憤怒和懷恨，以後也無法找他幫忙。

我嘗試從他的立場著想：午餐的菜不是他買的，也不是他下廚做的，只怪那個侍者太笨，才會把那次宴會弄糟了，對於艾米來說，他也沒有辦法。或許是我把事情看得太嚴重，不假思索就急於發怒，我決定還是友善地對待他、讚許他、誇獎他，相信這個方法一定非常有效。

第三天，我見到艾米，他顯得憤憤不平，似乎要跟我爭論那件事情。我這樣對他說：「艾米，你知道嗎，我請客的時候，如果有你在多好。你是紐約最能幹的管家，我知道這個情形，那天宴會的菜不是你買回來做的。那天發生的事情，對你來說，也是沒有辦法的。」

艾米聽到這句話，臉上的陰霾完全消失，笑著對我說：「是的，問題就是出在那個廚師侍者身上，那不是我的錯。」

我接著說：「艾米，我準備再舉辦一次宴會，需要你提供意見，你認為我們應該再給那個廚師一次機會嗎？」

艾米點頭說：「當然，請你放心。上次那種情形，一定不會再發生。」

下個星期，我又舉辦一次宴會，艾米提供關於那份菜單的資料給我，我給他一些小費，不再提到之前那次的錯誤。

我們來到席間，桌上擺著兩束美麗的鮮花，艾米親自照顧它們，殷勤地侍候客人。眼前的情形，就算我宴請瑪麗皇后也不過如此。菜餚美味可口，服務周到，四個侍者在旁邊侍候，而不是一個。最後，艾米端上可口的點心作為結束。

散席以後，一位客人笑著問我：「你對那個管家施展什麼法術？我從來沒有見過這樣的殷勤招待。」

是的，他說對了，我對艾米的友善和誠懇的讚賞，產生這個效果。

多年以前，我還是小孩的時候，住在密蘇里州西北部，每天必須赤腳走過一片樹林，到鄉村學校上課。有一天，我讀到一個關於太陽和風的寓言。太陽和風爭論，誰的力量比較大！風說：「我立刻證明給你看。你有沒有看到那個穿著大衣的老人？我可以很快把他的大衣脫下來。那個時候，你就會知道我的力量比較大！」

太陽躲進雲層裡，風立刻吹起來，幾乎成為一股颶風。可是風吹得越淒厲，老人把大衣裹得越緊。最後，風沉靜下來！接著，太陽從雲層後面出來，對老人和善地笑著，似乎沒有多久，老人擦拭額頭上的汗，把那件大衣脫下來。太陽對風說：「溫柔和友善的力量，永遠勝過憤怒和暴力。」

我讀到這個寓言的時候，在遙遠的波士頓發生一件事情，證明這個寓言的含義確實有其真理存在。波士頓是美國歷史上文化和教育中心，小時候，我不敢夢想有機會去那裡。證實那個真理的B醫生，在三十年以後，成為我班上的學生，這裡是他在班上說出的情形：

那個時候，波士頓的各家報紙上，幾乎刊滿假藥密醫的廣告，例如：幫人墮胎和密醫的廣告，用駭人聽聞的話恐嚇病人，使他們害怕，主要目的就是騙錢。病人在接受治療以後，任由那些密醫擺布而墮胎，造成很多人死亡，可是這些密醫很少被判罪，他們只要花一些錢，或是用政治的勢力，就可以擺脫這個罪狀。

這個情形日益嚴重，波士頓上流社會的人士群起反對。佈道的牧師在講台上痛斥那些刊登汙穢廣告的報紙，祈求上帝可以使那些廣告停止刊登。公民團體、商界人士、婦女團體、教會、青年團體也加以斥責，可是無濟於事。州議會中，也有激烈的爭辯，要使這種無恥的廣告成為非法的，可是對方有政治勢力的背景，沒有產生任何效果。

當時，B醫生是一個基督教團體的主席，他試用所有方法，但是都失敗了，對付這種醫藥界敗類的運動，就要毫無希望了……

有一天晚上，時間已經很晚了，B醫生想著那件事情還沒有休息。終於，他想出一個所有人沒有想到的方法——用友善、同情、讚賞的方法，使報社停止刊登那些廣告。

B醫生寫一封信給波士頓銷路最好的一家報社，對那家報社讚譽有加，認為那份報紙的新聞翔實，尤其報紙上那篇社論，更是令人矚目，是一份最好的家庭報紙。他在信上又這樣表示——那份報紙是全州最好的報紙，也是全美國最完美的新聞讀物。但是他接著說：

可是，我有一個朋友，他告訴我，他有一個年輕的女兒。有一天晚上，他的女兒朗誦你們報紙上一個廣告，那是一個幫人墮胎的廣告。他的女兒不瞭解這個廣告的含義，詢問父親那些字句的意思。我的朋友被自己的女兒問得窘迫至極，不知道如何向這個純潔天真的女兒解釋。

「你們那份報紙，在波士頓高尚的家庭中，是一份受歡迎的讀物。在我的朋友家庭發生的情形，是否也會在其他家庭發生？如果你有一個純潔天真的女兒，是不是願意她看到那些廣告？你的女兒向你提到同樣的問題，你又應該如何解釋？」

「這份報紙在每個方面都很完美，由於有這類情形的存在，經常使父母必須禁止孩子閱讀這份報紙。對於這一點，我感到十分惋惜，其他上萬的讀者，相信也會有同樣的想法。」

兩天以後，這家報社的發行人回信給B醫生，這封信上的日期是一九〇四年十月十三日，他保存三十多年，他是我的學生的時候，他把那封信拿給我看。這封信的內容是：

本月十一日，本報編輯交來你的信，閱讀之餘，非常感謝。這是多年以來本報延宕至今，還是未能實施的一件事情。

下個星期一開始，本報所有報導中，將會刪除所有讀者反對的廣告。至於暫時無法停止的醫藥廣告，經由編輯謹慎處理以後，始行刊登，以不引起讀者反感為原則。

感謝你關切的來信，使我獲益良多。

發行人　海斯格爾

伊索是希臘克諾索斯宮中的奴隸，在耶穌出生前六百多年，編著一部不朽的作品，那就是流傳到今天的《伊索寓言》。他對於人性的教育，就像波士頓的情形，在兩千五百年以前的希臘雅典一樣。太陽比風更可以使你脫去外衣！慈愛而友善的接近，可以使人們改變自己的心意，比暴力的攻擊更有效。

記住林肯說的那句話：「一滴蜂蜜可以比一加侖的膽汁，誘捕到更多的蒼蠅。」

所以，想要獲得人們對你的同意，第四條規則是：

以友善的方法開始。

蘇格拉底的秘密

跟別人談話的時候，不要開始就談論你們意見不同的事情，可以談論彼此之間贊同的事情。如果可能，你應該提出自己的見解，告訴對方，你們追求的是同一個目標，只是方法有所不同。

讓對方在開始的時候，連聲說「是，是」，如果可能，盡量防止他說「不」。奧文斯崔教授在自己《影響人類行為》一書中說：

「一個『不』字的反應，是最不容易克服的障礙。某人說出『不』字以後，為了自己的尊嚴，就會堅持到底。事後，或許覺得自己說出這個『不』字是錯誤的，可是必須考慮到自己的尊嚴，說出的每句話必須堅持到底，所以使人們在開始的時候往正面走，那是非常重要的。」

有說話技巧的人，開始的時候可以得到很多「是」的反應，只有這樣，才可以將聽眾的心理導向正面的方向。以人們的心理狀態來說，某人回答「不」的時候，內心也會潛伏這種意念，使所有器官、腺體、神經、肌肉全部集結起來，形成一個拒絕的狀態。反過來說，某人回答「是」的時候，體內那些器官沒有產生收縮動作，組織是前進、接受、開放的狀態。所以，開始談話的時候，如果可以吸引對方更多「是」

的回答，更容易為自己以後的建議得到對方的注意。

得到這個「是」字的反應，是一個非常簡單的方法，可是經常被人們忽略。人們經常反對別人的意見，似乎這樣可以顯示自己的與眾不同和重要性。激烈的人和守舊的人談話，很容易使另一方發怒。如果他們這樣做，只是為了感官上的快感，或許情有可原，如果正要完成一件事情，就划不來了。如果你的學生、顧客、丈夫、妻子，開口就是一個「不」字，就算耗盡你的智慧，運用你的耐心，也很難改變他們的意志。

運用這個「是，是」的方法，紐約一家儲蓄銀行的出納員拉住一位闊氣的客戶。愛伯遜先生這樣說：

這個人來銀行存款，我按照銀行的規定，把存款申請表格交給他填寫，有些他會立刻填寫，有些他會拒絕填寫。

如果這件事情發生在我尚未研究人際關係學之前，我會告訴那位客戶，如果他不填寫表格，我只能拒絕他存款。我很慚愧，以往我都是這樣做。我說出那些具有權威性的話以後，自己會感到很得意。

今天上午，我運用一些實用的知識，決定不談論銀行的需要，而是談論客戶的需要。最主要的，我決定使他說出「是，是」的回答。因此，我表示意見跟他完全相同，他不願意填寫表格，我也認為不「十分」必要。

可是，我對那位客戶這樣說：「如果你去世以後，有錢存在這家銀行，願意讓我們把存款轉交給你最親密的人？」

那位客戶立刻回答：「當然願意。」

我接著說：「依照我們的方法去做如何？你把自己最親近的親屬名字和情況填寫在這份表格上，假如你不幸去世，我們立刻把這筆錢轉交給他。」

那位客戶又說：「好，好的。」

那位客戶態度軟化的原因，是他知道填寫這份表格完全是為他打算。他離開銀行以前，不僅把所有情形填上表格，而且接受我的建議，用他母親的名義開了一個信託帳戶，關於他母親的情形，也按照表格詳細填寫。

我發現使他說出「是，是」，他就會忘記爭執之點，並且愉快地依照我的建議去做。

西屋公司推銷員艾利森說出自己的一段故事：

在我負責的推銷區域中，住著一位有錢的企業家。我們公司想要把一批貨物賣給他，之前一個推銷員幾乎花費十年的時間，卻始終沒有談成一筆生意。我接管這個地區以後，花費三年的時間去兜攬他的生意，可是也沒有任何結果。經過十三年不斷地拜訪和會談以後，對方只買了幾台發動機，可是我有這樣的希望——如果這次做成生意，發動機沒有問題，以後他會向我買幾百台發動機。

過了一些時候，我去拜訪他，原本心裡很高興，可是這份高興似乎太早了，一位工程師見到我，立刻說：「艾利森，我們不能再買你的發動機。」

我心頭一震，立刻問：「為什麼？」

那位工程師說：「你賣給我們的發動機太熱，我不能將手放在上面。」

我知道如果跟他爭辯，不會有任何好處，之前就有這樣的情形。現在，我想要運用如何讓他說出「是」字的方法。

我對那位工程師說：「史密斯先生，你說的我完全同意，如果那些發動機溫度過高，我希望你不要買。你需要的發動機，不希望它的溫度超出電工協會規定的標準，是不是？」

他完全同意，我獲得他第一個「是」字。

我又說：「電工協會規定，一台標準的發動機，可以比室內溫度高出華氏七十二度，是不是？」

他同意這個見解，說：「是的，可是你的發動機比這個溫度高。」

我沒有和他爭辯，只是問：「工廠溫度是多少？」

他想了想，說：「嗯……大概華氏七十五度。」

我說：「這就對了。工廠溫度七十五度，再加上七十二度，總共是一百四十七度。如果你把手放進一百四十七度的熱水裡，是不是會把手燙傷？」

他還是說：「是！」

我向他提供一個建議：「史密斯先生，你不要用手碰那台發動機，不就好了！」

他接受這個建議，說：「我想，你說得對。」我們談了一會兒以後，他把秘書叫來，為下個月訂購差不多三萬多元的貨物。

我花費多年的時間，損失數萬元的生意，最後終於知道，爭辯不是一個聰明的方法。要從對方的觀點去看事情，設法讓別人回答「是，是」，才是一個成功的方法。

希臘哲學家蘇格拉底是一個風趣的老頑童，他總是光著腳不穿鞋，四十歲的時候已經禿頭，可是卻跟一個十九歲的女孩結婚。他對世人的貢獻，有史以來，可以跟他相比的不多。他改變人們思維的途徑，直到今天，還是被尊為歷來最可以影響這個紛擾世界的勸導者之一。

他運用什麼方法？他指責別人的錯誤？不，他絕對不會這樣做。

他的處世技巧，現在被稱為「蘇格拉底辯證法」，就是以「是，是」作為自己唯一的反應觀點。他問的問題，都是他的反對者願意接受而同意的。他連續不斷地獲得對方的同意和承認，最後使對方在不知不覺中接受在幾分鐘以前自己堅決否認的結論。

下次，我們要指出別人錯誤的時候，要記住赤腳的蘇格拉底，並且問一個可以獲得對方「是，是」反應的和緩問題。

中國人有一句古老的格言，充滿東方智慧，那句格言是：「輕履者行遠。」他們花費五千年的時間，去研究人類的天性。那些有學問的中國人，累積許多聰明的言語，就像「輕履者行遠」那句話。

所以，想要獲得人們對你的同意，第五條規則是：

使對方很快地回答「是，是！」

處理一個抱怨者的安全手法

很多人需要別人贊同自己意見的時候，就是話說得太多。尤其是推銷員，更容易犯這個錯誤。應該讓對方盡量說出自己的意見，他對於自己的事情，或是自己的問題，比任何人知道得更多。所以，你應該問他問題，讓他告訴你一些事情。

如果你不同意他的話，或許會立刻打斷，但是不要這樣，那是危險的。他還有很多意見要發表的時候，不會注意到你身上。所以，你必須說服自己懷著舒暢的心情，安靜地聽著，而且用誠懇的態度鼓勵他，讓他把要說的話完全說完。

這種策略，運用在商場上是否有效？有一個人，不得不做這樣的嘗試。

幾年以前，美國一家大型汽車公司準備採購一年需求的坐墊布，三家廠商送去樣品備選，汽車公司高級主管驗看以後，跟三家廠商約定某日各派一位代表來商談，然後決定選購廠商。

G先生是其中一家廠商的代表，就在那一天，罹患嚴重的喉炎。他在我的班上，說出當時的情形：

我去見汽車公司那些高級主管的時候，喉嚨竟然啞了，幾乎無法發出聲音。我被帶進一間辦公室，跟紡織品工程師、採購經理、業務部主任、總經理見面。我站起來想要說話的時候，只能發出沙啞的聲音。

他們圍繞一張桌子坐著，我無法發出聲音，只好用筆把話寫在紙上：「各位先生，我的喉嚨啞了，不能說話。」

那位總經理說：「好吧，讓我來為你說說看！」他真的為我說話，然後把我的樣品全部展開，並且稱讚這些樣品的優點，他們就這樣開始討論。由於那位總經理為我說話，所以在他們討論的時候，他很自然地幫我。當時，我只能點頭微笑，或是用手勢來表達自己的意思。

這個奇特的會議討論結果是：我獲得訂貨合約，汽車公司向我訂購五十萬碼的坐墊布，總價是一百六十萬元，這是我經手過的一份最大的訂單。

我知道，如果不是我的喉嚨沙啞，說不出話，自己會失去那份訂貨合約，因為我對這件事情有錯誤的觀念。這一次，我無意中發現，原來讓別人說話，有時候是很值得的。

費城電氣公司的韋伯，也有同樣的發現，他在賓夕法尼亞州一個富庶的荷蘭農民區進行拜訪。經過一戶整潔的農家，他問這個區域的代表：「這些人為什麼不喜歡用電？」

區域代表煩惱地說：「他們都是守財奴，你絕對不可能賣給他們任何東西。而且他們很討厭電氣公司，我已經跟他們談過，毫無希望。」

韋伯相信區域代表說的是真的，可是他願意再嘗試一次。他輕敲這戶農家的門——門開了一個小縫，年老的屈根堡夫人探頭出來看。

韋伯先生說出當時的經過：

這位老婦人看到是電氣公司的業務員，很快地就把門關上。我又上前敲門，她把門打開，這次她告訴我們，她對我們公司的感想。

我對她說：「屈根堡夫人，很抱歉打擾你，我不是來向你推銷電氣，而是想要買一些雞蛋。」

她把門開得更大，探頭出來懷疑地看著我們。我說：「我看見你養的是多明尼克雞，所以想要買一些新鮮的雞蛋。」

她又把門開得更大，說：「你怎麼知道我養的是多明尼克雞？」她似乎感到很好奇。

我說：「我自己也有養雞，可是從來沒有看過比這裡更好的多明尼克雞。」

她懷疑地問：「你為什麼不用自己的雞蛋？」

我回答：「因為我養的是來亨雞，下的是白色雞蛋——你很會烹調，知道做蛋糕的時候，白色雞蛋不如棕色雞蛋好。我的妻子對自己做蛋糕的技術，總是感到很自豪。」

這個時候，她放心地走出來，態度變得溫和許多。同時，我看到院子裡有一座很好的牛棚。

我接著說：「屈根堡夫人，我可以打賭，你養雞賺來的錢，比你的丈夫那座牛棚賺來的錢多。」

她聽了以後，非常高興，當然是她賺得多！她很高興我說到這一點，可是她無法使頑固的丈夫承認這件事情。

她邀請我們去參觀雞舍，在參觀的時候，我真誠地稱讚她養雞的技術，也問她很多問題，並且請她指教。同時，我們交換很多的經驗。

她突然談到另一件事情：幾個鄰居在自己的雞舍裡裝上電燈，他們說效果很好。她徵求我的意見，如果她用電，是不是划算。

兩個星期以後，她的雞舍裡，多明尼克雞在電燈的光亮下叫著。我做成這筆生意，她得到更多的雞蛋，雙方皆大歡喜，都有利益。

這是故事的重點——如果我不投其所好，永遠無法將電器賣給這位荷蘭農婦。

這種人絕對不能叫他買，必須讓他自己來買。

紐約一份銷路很大的報紙，在財經版一欄中，刊登一個篇幅很大的廣告，徵求一個有特殊能力和經驗的人。庫貝利斯按照指定的信箱投函去應徵，過了幾天，他收到回函，約他面洽。他應徵以前，花費很多時間在華爾街打聽所有關於這位商業機構創辦人的生平事蹟。

應徵的時候，他說：「可以進入像你這樣有成就的商業機構，使我感到十分自豪，聽說你在二十八年前開始創業的時候，除了一間房子、一套桌椅、一個速記員以外，其他什麼都沒有，是不是有這件事情？」

幾乎每個事業上有成就的人，都喜歡回憶早年工作的情形，這位創辦人也不例外。他講述關於自己當初如何用四百五十元和堅強的意志開創這項事業的經過，如何克服困難，如何與失敗對抗……星期日不休息，每天工作十二到十六個小時，自己如何戰勝困難。直到現在，華爾街最有身分和地位的金融家都來向他請教，他對自己取得的成就感到自豪。最後，他詢問庫貝利斯的經歷，隨後把一位副總經理請來，然後說：「我想，這位先生是我們要找的人。」

庫貝利斯費盡心思，探聽未來主管過去的成就，對未來主管表示關心，鼓勵他多說話，使他對庫貝利斯留下良好印象。

這是真實的，即使是我們的朋友，也寧願談論自己的成就，喜歡聽我們吹噓的人少之又少。

法國哲學家拉羅希福可曾經說：「如果你想要得到仇人，就勝過你的朋友；如果你想要得到朋友，就讓你的朋友勝過你。」

這應該如何解釋？因為，朋友勝過我們的時候，可以滿足他們的自重感。可是，我們勝過朋友的時候，會使他們產生自卑的感覺，而且會引起猜疑和妒忌。

德國人有一句俗語：「我們猜妒的人，發生一件不幸的事情，會使我們有一種惡意的快感。」

是的，有些朋友看到你遭遇困難，或許比看到你獲得成功更滿意。

所以，不要讓自己表現出太多的成就，我們要虛懷若谷，這樣會使人們喜歡我們，每個人都願意跟我們接近，著名的作家考伯就有這樣的技巧：

有一個律師在證人席上對考伯說：「考伯先生，我聽說你是美國一位著名的作家，是不是？」

考伯回答：「實在不敢當，那是我太僥倖了。」

我們應該謙遜，因為我們沒有什麼了不起，我們都會成為過去。百年之後，我們會被人們遺忘。生命是短暫的，不要把自己不值一提的成就當作談論的話題，令人聽了厭煩。

我們要鼓勵別人多說話。仔細想想，你實在沒有什麼可以誇耀的。

你不會成為一個「白癡」的原因是什麼？如果說出來，很簡單——在你的甲狀腺裡，藏著只值一個硬幣重量的碘質。假如有一個醫生剖開你的甲狀腺，取出那些碘質，你就會變成一個白癡。你可以花一些錢，去藥房買一瓶碘酒，這個就是使你跟精神病院隔離的東西。一個人的意識和智慧，只價值一些錢，有什麼值得驕傲的？

所以，想要獲得人們對你的同意，第六條規則是：

盡量讓對方有多說話的機會。

讓別人願意跟你合作

你對自己發現的意念是不是比別人代替你說出的更信得過？如果是，你把自己的意見塞進別人的喉嚨裡，是不是錯誤的觀念？如果提出意見，啟發別人得到自己的結論，不是一個更聰明的方法嗎？

費城的賽爾茲先生是我的學生，他突然覺得，必須給一群意志渙散而失望的汽車推銷員灌輸一些熱情和信心。他召開一次推銷員會議，慫恿自己的員工告訴他，希望從他的身上得到什麼。他把員工們提出的意見寫在黑板上，然後說：

「我可以給你們希望得到的，可是希望你們告訴我，我在你們身上可以得到什麼？」很快，他就有滿意的答案，那就是：忠心、誠實、樂觀、進取、合作，每天八個小時的熱忱工作，其中有人甚至願意每天工作十四個小時。

這次會議的結果，使員工們充滿新的勇氣、新的熱情。

賽爾茲先生告訴我：「現在，公司的業務蒸蒸日上。」

賽爾茲先生說：「我和他們進行一次精神上的交易。我對他們盡我所能，所以他們也付出最大的力量。跟他們討論他們的需要，他們非常願意接受。」

沒有人喜歡強迫自己去買一樣東西，或是被別人派遣去做一件事情。我們喜歡依照自己的想法買東西，或是依照自己的意願做事情。同時，希望有人跟我們談論自己的願望和想法。

以威爾遜先生的情形來說，在他尚未參加這個講習班研究人際關係學之前，他損失許多自己應該獲得的佣金。威爾遜是一家服裝圖樣設計公司的推銷員，幾乎每個星期都會去找紐約某位著名的設計師，這樣已經有三年的時間。威爾遜說：「他從來沒有拒絕接見我，可是也從來沒有買過我的圖樣，他每次都會用心看我的圖樣，然後說：『不，威爾遜先生，今天我們還是不能合作。』」

經過一百五十次的失敗以後，威爾遜覺得自己一定是神智不清，所以決定每個星期利用一個晚上的時間，研究如何影響人們的行為，以及如何展開新的意念，產生新的熱忱。

不久，他決定重新嘗試一種方法。他拿了幾張那些設計師尚未完成的圖樣，走進這位設計師的辦公室。威爾遜對他說：「我想要請你幫助我。這裡有幾張尚未設計完成的圖樣，請你告訴我，如何把它完成以後，才可以符合你的需要？」

這位設計師看了一會兒，沒有任何表示，頓了頓才說：「威爾遜，你把圖樣放在這裡，過幾天再來找我。」

一天後，威爾遜又去他那裡，聽了建議以後，把圖樣拿回去，按照這位設計師的意思修改。這筆交易結果如何？不用說，這位設計師完全接受了。

那是九個月以前的事情，自從那筆生意完成以後，這位設計師又訂購十張圖樣，都是依照他的意思修改，威爾遜賺了一千六百多元的佣金。

威爾遜說：「我終於知道過去失敗的原因，我總是強迫他購買我認為他需要的圖樣。可是現在我做的，跟過去完全不同。我請他提供意見，使他覺得那些圖樣是他自己設計的。現在我不用要求他買，他自己會向我買。」

羅斯福擔任紐約州州長的時候，完成一項特殊的功績——他和政黨重要人物相處得很好，使他們同意原本他們反對的法案，我們來看他是怎麼做到的：

有重要職位需要補缺的時候，他會請那些重要人物推薦。羅斯福說：

「起初他們推薦的人，在黨內不受歡迎。我跟他們說，如果要使政治有滿意的表現，你們推薦這個人不適合，也會受到民眾的反對。」

「後來，他們又推薦一個人，那個人雖然沒有可以批評的地方，可是也沒有令人稱讚的優點。我告訴他們，任用這樣的人，有負民眾的期望，請他們再推薦一個更適合這個職位的人。」

「他們第三次推薦的人，看起來差不多了，但不是十分理想。於是，我對他們表示感謝之意，讓他們再試一次。他們第四次推薦的人，正是我需要的人，對他們的協助表示感謝之後，我就任用這個人。而且，我使他們享有任命此人的名義……趁此機會，我對他們說，我已經做出使他們愉快的事情，現在輪到他們順從我的意見，做幾件事情。」

「我相信那些重要人物也願意這樣做，因為他們支持政府重大的改革，例如：選舉權、稅法、市公務法案……」

羅斯福做事的時候，經常徵求別人的意見，而且對他們的意見表示尊重。羅斯福委派重要職務的時候，會使那些重要人物真實地感覺到，這是他們挑選的人，這是他們的意見。

長島有一個汽車商人使用同樣的方法，把一輛舊車賣給一對蘇格蘭夫婦。之前，這位商人為他們介紹許多汽車，他們總是認為有問題，不是嫌這輛不適合，就是嫌那輛有損壞，不然就是價錢太高。當時，這位商人在我的班上聽講，就在班上請求幫助。

我們建議他，不要強迫那種意志不堅定的人買車，要讓他自己來買，也不必告訴他要買什麼牌子的汽車。總之，要讓他覺得這是他自己的意思。

過了幾天，有一個顧客想要把自己的汽車換成新的，汽車商人想到那個蘇格蘭人，也許他會喜歡這輛舊車。他打電話給那個蘇格蘭人，說自己有問題想要請教他。

蘇格蘭人接到電話以後來了，汽車商人說：「我知道你對於購買東西很內行……你看這輛舊車價值多少錢，告訴我以後，我可以在交換新車的時候，有一個可靠的依據。」

蘇格蘭人聽到這些話以後，滿面笑容──終於有人向他請教，有人看得起他。他坐進車裡，開著這輛車兜了一圈，回來以後，對汽車商人說：「如果你可以用三百元買到這輛車，算是你撿到便宜。」

汽車商人問他：「如果我可以用三百元買到這輛車，再轉手賣給你，你要不要？」三百元？當然，這是他的估價，這筆生意立刻成交了。

一位X光儀器製造商運用同樣的技巧，把自己的儀器賣給布魯克林區的一家醫院，獲得很高的利潤。這家醫院準備擴充一個部門，要設置一套X光儀器，這件事情由L醫生負責，他被那些推銷員包圍，他們都說自己的東西是最好的。

其中有一個製造商非常精明，瞭解待人處世的技巧。他寫了一封信，給那家醫院的L醫生。這封信的內容是這樣的：

「敝公司最近完成一套X光儀器的第一批貨，已經運來我們這裡，可是不敢說十分完善，所以想要加以改良。如果你可以抽出時間來我們這裡參觀，並且告訴我們，如何才可以使其更好地為你們的工作服務，我們會非常感謝。我知道你平時工作繁忙，請你告訴我指定的時間，我願意派車去接你。」

L醫生在我的班上說出這件事情的經過：「收到那封信以後，我感到很驚訝，不僅出於我的意料之外，其他同事也很高興。從來沒有廠商會徵求我的意見，這次使我覺得受到重視。那個星期，我每天晚上都很忙，可是我取消一個約會，特地去看那套儀器。」

「沒有人強迫我購買，為醫院購買那套儀器完全是我的意思，我認為那套儀器很好，所以決定把它買下來。」

威爾遜總統在白宮的時候，豪斯上校對內政和外交有很大的影響。威爾遜總統經常請教他，所有重要的事情都會跟他商量，他受到威爾遜總統的重視在內閣成員之上。

豪斯上校使用什麼方法，可以影響威爾遜總統到這種程度？他在一次偶然的機會中，曾經對史密斯說過，史密斯在星期六晚報的一篇文章中，引用他的話。

豪斯上校這樣說：「認識總統以後，我逐漸發現，使他相信一種意念最好的方法，就是不經意地把這種意念移植到他的心中，使他感興趣，並且讓他自己去思考。這種方法第一次產生效果，是因為一件令人感到意外的事情。我曾經去白宮拜訪他，勸說他採取一項政策，他似乎不贊同這項政策。幾天以後，在一次聚會中，我很驚訝地發現，威爾遜總統說出我那個意見，並且表示那是他自己的意思。」

豪斯上校是否立刻打斷總統的話，指明那是他提出的意見，而不是總統的意見？不，沒有，他絕對不會那樣做，他不在乎居功，只在乎結果。所以，他讓總統繼續感覺到，那是總統的意見，而且公開稱讚總統的睿智。

我們要記住，自己明天要接觸的人，也許就像威爾遜總統那樣，所以要使用豪斯上校的方法。

幾年以前，有一個人使用這個方法，得到我的光顧。那個時候，我計畫去新布藍茲維釣魚和划船。我寫信給旅行社，打聽那個地方的情形，順便請他們為我安排。

我的名字和地址已經被列入一份公開名單中，所以我立刻收到許多露營區主人寫給我的信件，我不知道應該選擇哪一家。後來，有一個露營區主人做了一件事情：他給我幾個自己曾經招待過的，住在紐約的人士的名字和電話，請我打電話給他們，調查露營的服務和供給的情形。

我很驚訝地發現到，這份名單中有我認識的一個人。我打電話給他，打聽他那次露營的經過。得到答案以後，我打電話給那位露營區主人，把我的行程告訴他。

雖然其他的露營區主人也以真誠的態度希望我光顧，可是只有那位露營區主人，使我甘心接受他的服務。

所以，想要獲得人們對你的同意，第七條規則是：

使對方以為這是他的意念。

一個創造奇蹟的公式

我們要記住，對方不承認錯誤的時候，不要斥責他是錯誤的。在這種情形下，可能只有愚蠢的人才會責備別人，聰明的人絕對不會如此，他們會嘗試瞭解對方和原諒對方。

為什麼一個人有那樣的思想和行動，一定有他的理由。我們探求那個隱藏的理由，就可以清楚地瞭解他的思想和行動。

你這樣對自己說：「如果我和他一樣，會有什麼感受，會有什麼反應？」有這樣的想法，可以省去許多時間和煩惱。由於你已經知道那個原因，就不會憎恨這個結果。此外，你可以增加許多人際關係上的技巧。

古德在《如何將人變成黃金》一書上說：「停下一分鐘……把你對自己的關心程度和對別人的淡然漠視冷靜地進行比較，你就會知道，其他人也是如此。」

「然後，你可以跟林肯和羅斯福一樣，掌握任何事業的穩固基礎。也就是說，應付人們的成功，依靠同情並且瞭解別人的觀點。」

多年以來，我經常在距離自己家不遠的一個公園裡散步和騎馬，以作為自己大多數時間的消遣，所以逐漸對樹木產生愛護的心，我聽到樹林發生火災的消息，心裡會感到非常難受。這些火災不是由於粗心的抽菸者不小心，多半是孩子們來林間野餐所造成。有時候，樹林發生火災燒得很厲害，需要消防隊來才可以撲滅。

在公園的旁邊，有一個告示這樣寫著：凡是引起樹林火災的凶手，將會受到罰款或監禁的處罰。可是那個告示豎立在很偏僻的地方，很少有人會看到。有一個騎馬的警察，似乎是負責管理這個公園，由於他對職務不認真，所以公園裡經常會起火。

有一次，我急忙地去警察那邊，告訴他有火正在迅速地蔓延，要他立刻通知消防隊。可是他的反應很冷淡，並且說那不是他的事情，因為不是他的管區。自從那次以後，我每次騎著馬來公園，就會自己執行保護公園的職責。

起初，我從來沒有想到孩子們的立場，看到他們在樹下野餐的時候，心裡非常不高興，立刻騎馬去那些孩子們那邊，告訴他們，在樹下生火會被罰款或監禁，以嚴肅的口氣要他們把火熄滅。我還這樣跟他們說，如果不聽，我立刻要把他們抓走——只是在發洩我的情緒，沒有想到他們的立場。

結果如何？

那些孩子們雖然把火熄滅了，可是心裡不服氣，我離開以後，他們又生起火來，甚至想要把公園燒成灰燼。

幾年以後，我覺得自己應該學習與人們相處的方法，以別人的觀點來看事情，於是我不再命令別人，如果現在我在公園裡看到孩子們在玩火，我會這樣說：

「小朋友，你們玩得高興嗎？你們的晚餐打算要做什麼？我在小時候，也喜歡生火野餐，現在想起來還是覺得很有意思。可是你們要知道，在公園裡生火，那是很危險的，但是我知道你們都是好孩子，不會惹出什麼麻煩。」

「可是其他孩子們，我相信不會像你們這樣小心。他們看到你們在生火玩著，也會跟著玩火，回家的時候沒有把火熄滅，很容易把乾燥的樹葉點燃，結果連樹也燒了。假如我們不愛護樹木，這個公園就會沒有樹。」

「你們知不知道公園裡禁止玩火，會被罰款或監禁。我不是干涉你們的遊戲，我希望你們玩得很高興。只是你們最好不要把火靠近乾燥的樹葉，你們回家的時候，不要忘記在火堆上蓋一些泥土。如果你們下次想要玩的時候，我建議你們去沙堆那邊起火，好不好？那裡不會有危險。小朋友，謝謝你們，希望你們玩得很高興。」

如果我說出那些話，相信會得到滿意的效果，而且那些孩子們會願意跟我合作。他們沒有反感，沒有抱怨，不會覺得有人強制他們服從命令，顧全他們的面子。那個時候，他們覺得滿意，我也覺得滿意，因為我考慮到他們的立場。

我們希望別人完成一件事情的時候，可以閉上眼睛，思考一下——從別人的立場去思考所有的情形，然後問自己：「他為什麼要這樣做？」

是的，那是麻煩的，花費時間的。可是，這樣做會獲得更多的友誼，會減少原來可能產生的摩擦和那些不愉快的氣氛。

看完這本書以後，可以增加你一種趨向，那就是：主動為別人著想，而且從別人的立場去思考。雖然你只有得到這些，但是它會影響你終身事業的成就。

所以，想要獲得人們對你的同意，第八條規則是：

真誠地以別人的觀點去看事情。

同情對方的意念和欲望

你是否願意得到一個奇妙的話句——一個可以停止爭辯、消除怨恨、製造好感，使人們注意聽你說話的語句？

是的，就有這樣一句話，讓我告訴你。你對別人這樣說：「對於你感覺到的情形，我不會責怪你，如果我是你，也會有同樣的感覺。」

就是這句簡單的話，世界上最狡猾、最固執的人，也會軟化下來。可是你必須真誠地說出那些話，假如你是對方，也會有同樣的感覺。讓我舉出卡彭的例子：以匪首卡彭來說，假如你受到遺傳的身體、性情、思想與卡彭完全相同，也處在他的環境，也有他的經驗，就會成為跟他一樣的人，因為那些就是使他成為盜匪的原因。

例如：你不是一條響尾蛇，唯一的原因是：你的父母不是響尾蛇。你不會跟牛接吻，不會奉蛇為神明，唯一的原因是：你不是生長在一個印度家庭中。

你會成為你這樣的人，可以居功的地方很少。那個使你惱怒、固執不講理的人，他會成為他那樣的人，有錯誤的地方也很少。要對這個可憐蟲表示惋惜、憐憫、同情。對自己說一句話：「如果不是上帝的恩惠，我也會走上他的道路。」

你明天遇到的人，可能有四分之三如饑似渴地需要同情。如果你同情他們，他們就會喜歡你。

有一次，我進行廣播演講，說到《小婦人》作者奧爾柯特女士。我知道她是在麻薩諸塞州的康科特出生和成長，以及著述她的不朽名作。但是我不小心說，自己曾經到新罕布夏州的康科特拜訪她的老家。假如我只說了一次新罕布夏州，也許可以原諒，可是我接連地說了兩次。

隨後，有許多信件和電報寄來質問我和指責我，有些幾乎是侮辱，就像一群野蜂似的，圍繞在我無法抵抗的頭上。其中有一個老婦人，生長在麻薩諸塞州的康科特，當時她住在費城，對我發洩她熾烈的怒火。我看到她那封信的時候，對自己說：「感謝上帝，幸好我沒有娶那樣的女人。」

我打算寫信告訴她，雖然我弄錯地名，可是她不懂任何禮貌。當然，這是我對她最不客氣的批判。最後，我還會撩起衣袖告訴她，我對她的印象是多麼的惡劣……可是，我沒有那樣做，我盡量約束自己，克制自己，我知道只有愚蠢的人才會那樣做。

我不想和愚蠢的人一般見識，我決定要把她的仇視變成友善。我對自己說：「如果我是她，可能也會有同樣的感覺。」所以，我決定對她表示同情。後來，我去費城的時候，打電話給這位老婦人，談話內容大概是這樣：

我在電話裡說：「夫人，幾個星期以前，你寫一封信給我，感謝你！」電話中傳出她柔和流利的聲音，問：「你是誰，很抱歉，我聽不出聲音？」

我對著手中的話筒說：「對你來說，我是一個你不認識的陌生人，我是戴爾・卡內基……幾個星期以前，你收聽電台廣播，指出我那個不可原諒的錯誤。弄錯《小婦人》作者奧爾柯特女士的生長地點，那是愚蠢的人才會做出的事情……我為這件事情向你道歉，你花費時間寫信指正我的錯誤，同時也向你表示謝意。」

她在電話裡說：「很抱歉，卡內基先生，我是那麼粗魯地對你發脾氣，請你原諒。」

我說：「不，不，不應該由你道歉，應該道歉的是我。即使是一個小學生，也不會犯下像我那樣的錯誤。第二個星期，我已經在電台更正那件事情！現在我親自向你道歉。」

她說：「我生長在麻薩諸塞州的康科特……兩百年以來，我的家庭在那裡很有聲望，我以我的家鄉為榮。我聽你說奧爾柯特女士是新罕布夏州人，實在使我難過，可是那封信使我感到愧疚和不安。」

我對著手中的話筒說：「我願意誠懇地告訴你，你的難過不及我的十分之一。我的錯誤，對那個地方沒有損傷，可是對我自己卻有傷害。像你這樣有身分和地位的人，很少寫信給電台廣播員。以後在我的演講中，如果發現錯誤的時候，希望你再寫信給我。」

她在電話裡說：「你這種願意接受別人批評的態度，使人們願意接近你、喜歡你……我相信你是一個很好的人，我很願意認識你。」

從這次電話的內容看來，我以她的觀點對她表示同情和道歉，也得到她的同情和道歉。我對自己可以控制激動的脾氣感到滿意——以友善交換對方給予的侮辱，也使我感到滿意。由於使她喜歡我，使我得到更多的快樂。

位居白宮的重要人物，幾乎都會面臨人際關係學中這類問題的困擾。塔虎脫總統也不例外，他從經驗中獲得一個結論——同情是消除反感最有效的藥物。在他一本《服務中的倫理》的書中，他舉出一個有趣的例子，說明如何使一個失望而有志氣的母親平息心中的怒火：

住在華盛頓的一位婦人，她的丈夫在政界有相當的勢力。她纏著我快要兩個月的時間，要我為她的兒子安排一個職位。她也請求參議院中的幾位參議員陪她來我這裡，為她兒子職位的事情說話。

可是那個職位需要的是技術人才，透過相關主管推薦，我委派另一個人。隨後，我收到那位母親的來信，指責我忘記別人施予的恩惠，因為我拒絕使她成為一個愉快的婦人。

她的意思是說，只要我舉手之勞，就可以使她快樂，可是我不願意這樣做。她又說出她曾經如何勸說她那一州的代表支持我的一項重要法案，可是我卻對她如此沒有情義。

你收到這樣一封信的時候，第一件事情就是如何用嚴正的措辭，對付一個不禮貌而魯莽的人。然後，或許就要動筆寫信了。

可是，如果你是一個聰明的人，會把這封信放進抽屜裡鎖起來，過了兩天以後，再把這封信拿出來……像這類的信，遲了幾天寄出，也不會受到什麼影響。但是你兩天以後再拿出這封信來看，就不會投入郵筒，那就是我採取的途徑。

在此之後，我坐下來盡力用最客氣的措辭寫一封信，告訴她，我知道一位母親遇到這種事情的時候會感到非常失望。可是我坦率地告訴她，委任那個職位，並非我個人的好惡，而是需要找一個適合的技術人才，所以我接受那位主管的推薦。

我表示希望她的兒子繼續在原來的職位上努力，以期將來有所成就。那封信使她息怒了，她寄一封短信給我，對她上次那封信表示歉意。

但是我委任的那個人，短期之內無法來上班。過了幾天，我收到一封署名是她丈夫的來信，可是信上的筆跡跟之前兩封信完全相同。

這封信告訴我，他的妻子由於這件事情而神經衰弱，現在臥床不起，胃中或許已經有腫瘤。為了恢復他妻子的健康，他要求我，是否可以把已經委任那個人的名字換上她兒子的名字，以恢復她的健康。

我寫一封信給他，那是給她丈夫的——我希望他妻子的病況診斷錯誤，對他遇到的情況表示同情，可是要撤回已經委派的人，那是不可能的。過了幾天，那個人正式接任。就在我收到那封信的第二天，我在白宮舉行一個音樂會，最早到場向我和我妻子致敬的，就是這一對夫婦。

胡洛克應該是美國第一位音樂會經理人，他對如何應付藝術家，例如：夏里亞賓、鄧肯、帕芙洛娃，有二十幾年的經驗。胡洛克告訴我，為了要應付那些性格特殊的音樂家，使他獲得一個寶貴的教訓：必須同情他們，對他們可笑而古怪的脾氣，必須徹底地同情。

有三年的時間，胡洛克擔任世界低音歌王夏里亞賓的經理人。最讓他傷腦筋的是，夏里亞賓本身就是一個問題，他的行為就像一個被寵壞的孩子。用胡洛克獨特的語氣來說：「他每個方面都糟透了。」

例如：晚上如果有音樂會，夏里亞賓會在當天中午打電話給胡洛克：「索爾」，他叫胡洛克的名字，「我覺得很不舒服，喉嚨沙啞得很厲害，今天晚上我不能演唱。」胡洛克聽到以後，會和他爭辯嗎？不，胡洛克不會這樣做！

他知道擔任一位藝術家的經理人，絕對不能這樣處理。所以，他會立刻去夏里亞賓住的旅館，顯得十分同情地說：「我可憐的朋友，這是多麼不幸……當然，你不能演唱了。我立刻取消今天晚上的節目，你雖然損失幾千元的收入，可是跟你的名譽相比，算不了什麼。」

聽到胡洛克這樣說以後，夏里亞賓會嘆氣地說：「索爾，你等一下再來，下午五點來，看那個時候我的情形怎麼樣！」

到了五點，胡洛克再去夏里亞賓的旅館，堅持要為他取消節目……可是夏里亞賓又會這樣說：「你晚一點再來看我。那個時候，或許我會好一些！」

到了七點半，這位低音歌王終於答應登台演唱。他唯一的條件是：胡洛克走到台上，向聽眾報告，夏里亞賓罹患重感冒，喉嚨不好。胡洛克會假意地答應，因為這樣夏里亞賓才會登台演唱。

蓋茲博士在他著名的《教育心理學》中這樣寫著：

人類普遍追求同情，孩子們會急切地顯示自己受傷的地方。有些孩子甚至故意自己割傷、弄傷，以博得大人們的同情。成人們也有類似的情形，他們會到處向人們顯示自己的損傷，說出他們的意外事故，罹患的疾病，尤其是開刀手術以後的經過。「自憐！實際上是一般人的習性。」

所以，想要獲得人們對你的同意，第九條規則是：

同情對方的意念和欲望。

吸引所有人的魅力

我的故鄉是在密蘇里州的一個小鎮，附近有一個科爾尼鎮，是美國匪首傑西・詹姆斯的故鄉，我曾經去過科爾尼鎮，傑西的兒子還在那裡。

他的妻子告訴我，當年傑西如何搶劫銀行和火車，然後把搶來的錢財救濟貧窮的鄰居，讓他們去贖回抵押出去的土地。

在傑西・詹姆斯的心中，可能以為自己是一個理想家——就像此後的舒爾茲、「雙槍」克勞利、卡彭一樣。事實確實是如此，你看到的每個人——甚至照鏡子的時候看到的那個人，都會把自己看得很高尚，對自己的評價，希望是良好而不自私的。

銀行家摩根在他一篇分析的文稿中說：「人們會做一件事情，都有兩種理由存在：一種是好聽的，另一種是真實的。」

人們會經常想到那個真實的理由，我們是自己內心的理想家，經常想到好聽的理由。所以，想要改變一個人的意志，就要激發他高尚的動機。

這種方法用在商業上是否理想？讓我們來看看。那是賓夕法尼亞州，某家房屋公司的法雷爾先生的例子。法雷爾有一個不滿意的房客要搬離他的公寓，但是這個房客的租約還有四個月期滿，每個月的租金是五十五元，可是他聲稱立刻就要搬走，不管租約那回事。法雷爾說出這件事情的經過：

那個房客已經在這裡住了一個冬季，我知道如果他們搬走了，在這個秋季以前，這間房子不容易租出去。兩百二十元就要從我的口袋飛走了，真是叫人著急。

如果這件事情發生在過去，我一定會找那個房客，要他把租約重念一遍，並且向他指出，如果現在搬走，還是要付清四個月的租金。

可是，這次我採取另一種方法，我對他這樣說：「杜先生，我聽說你準備搬家，可是我不相信那是真的。我從很多方面的經驗來推斷，你是一個說話有信用的人，而且我可以跟自己打賭，你就是這樣的人。」

這個房客安靜地聽著，沒有做任何表示。我又說：「現在，我的建議是這樣的，把你決定的事情先擱在一邊，你可以再考慮一下。從今天開始，到下個月一日交租金以前，如果你還是決定要搬走，我會答應你，接受你的要求……」

我把話頓了頓，再接著說：「那個時候，我會承認自己的推斷完全錯誤。然而，我還是相信，你是一個說話有信用的人，會遵守自己立下的合約。因為，我們是人還是猴子，都是我們自己的選擇。」

果然不出我所料，到了下個月，這個房客自己來交租金。他對我說，已經跟他的妻子商量這件事情，他們決定繼續住下去。他們的結論是：最光榮的事情，就是履行租約。

諾斯克里夫爵士看到一份報紙上刊登一張自己不想刊登的相片，寫一封信給那家報社的編輯。那封信上沒有這樣說：「不要再刊登那張相片，我不喜歡那張相片。」他想要激發高尚的動機，他知道每個人都敬愛自己的母親，所以他在那封信上換上另一種口氣：「不要再刊登那張相片，我的母親不喜歡那張相片。」

洛克菲勒要阻止攝影記者拍攝他孩子的相片，也激發一個高尚的動機。他不說：「我不希望孩子的相片刊登出來。」他知道每個人的心中都有不願意傷害孩子的潛在意念。他換了一個口氣說：「我相信你們之中有很多都是孩子們的父親，如果讓孩子們成為新聞人物，那是不適宜的。」

柯提斯是緬因州一個貧苦家庭的孩子，後來成為《星期六晚報》和《婦女家庭雜誌》的創辦人，賺了幾百萬元。他創辦報紙和雜誌初期，無法像其他報紙和雜誌一樣，付出高價買稿。他沒有能力邀請第一流作家執筆撰稿，可是他運用人們高尚的動機。

例如：他邀請《小婦人》的作者奧爾柯特為他撰稿，而且當時是她聲望最高的時候。柯提斯使用的方法很特別！是一般人沒有想到的——他開出一張一百元的支票，但不是把支票交給奧爾柯特，而是捐助給她最喜歡的慈善機構。

或許有人會懷疑地說：「這種方法用在諾斯克里夫、洛克菲勒、富於同情心的作家身上，或許會有效。這種方法用在那些不可理喻的人身上，是不是也會有效？」

是的，這句話說得很對，沒有一樣東西可以在任何情形下產生同樣的效果——沒有一樣東西可以在所有人身上發揮效力。如果你滿意自己現在得到的結果，又何必再改變？如果你認為不滿意，可以試驗一下。

無論如何，我相信你會喜歡我從前一個學生湯瑪斯說的一個真實故事：

某一家汽車公司有六個顧客拒絕支付修理費用的帳款，他們並非不承認那些帳款，而是其中有些帳款寫錯了。可是每一項修理的帳單上都有他們的簽名，所以公司認為這些帳款不會有錯誤。

以下是那家汽車公司信用部員工去催討帳款的時候採取的步驟，看看是否會成功？

（一）他們拜訪每個顧客，坦白地對他們說，是公司派來催討積欠的帳款。

（二）他們明確地表示，公司方面絕對不會弄錯，所有的錯誤要由顧客負責。

（三）他們暗示，對於汽車方面的業務，公司比顧客更內行。

（四）所以，不需要做那些無謂的爭辯。

結果，他們開始爭論。採取這些方法，可以使顧客心甘情願地付錢嗎？你可以自己從那個問題上找出答案。

事情鬧到這種地步，汽車公司信用部主任應該派出一些「法律人才」去應付，幸好這件事情引起總經理的注意。總經理查看那些欠帳顧客之前付款的記錄，發現他們都是準時付款。總經理查看這些資料以後，認為錯誤一定是出在公司方面——收帳的方法不對。所以，總經理把湯瑪斯叫去，要他去催討那些無法收回的「爛帳」。

這裡是湯瑪斯先生採取的步驟——

湯瑪斯這樣說：

我去拜訪每個顧客，也去催討積欠很久的帳款。可是，我對這些隻字不提。我解釋，我是來調查公司對顧客的服務情況。

我明確地表示，在尚未聽完顧客說出的想法以前，不會發表任何意見。我告訴他們，公司方面不是絕對沒有錯誤。

我告訴他們，我只是關心他們的汽車，他們對自己的汽車，相信比誰都瞭解，所以在這個問題上，先聽從他們的意見。

我讓他們盡量發表自己的意見，我安靜地聽著，對他們表示十分同情。當然，這也是他們希望我如此。

最後，那些顧客似乎心情緩和下來，我要他們公平地思考這件事情，我想要激發他們高尚的動機，所以我這樣說：

「首先，我要你知道，我覺得這件事情處理不適當，我們公司上次派來的代表給你帶來困擾，使你被激怒，也使你受到很多不便。那是不應該發生的事情，我感到很抱歉，我代表公司方面向你道歉。聽了你剛才說的話以後，我不得不被你的忍耐和公平感動。」

「由於你的寬大胸懷，我想要請你為我做一件事情。這件事情對你來說，會比任何人做得更好。同時，你也比別人更清楚。這是我為你開出的帳單，請你仔細查看，什麼地方記錯了，就像你是我們公司的總經理在查帳一樣，我請你全權做主，你說怎麼樣就怎麼樣。」

他有沒有看帳單？是的，他這樣做了，而且顯得十分高興。這些帳單的數目從一百五十元到四百元之間，數額大小不等。但是顧客佔到便宜嗎？是的，其中一個顧客拒絕支付這筆款項，其他五個顧客卻讓公司方面佔到帳款上的便宜。這件事情最精彩的地方，在以後的兩年中，那些顧客都購買這家公司的新汽車。

湯瑪斯先生說：「經驗告訴我，應付顧客不得要領的時候，最完善的方法是：先有一個觀點存在——那個顧客是懇切、誠實、可靠的，而且願意付款。如果使他相信那些帳款是對的，他會毫不遲疑地付款。

也就是說，人們都是誠實的，而且願意履行自己的義務。

「像這類情形，例外的很少。我相信，一個為難別人的人，如果你使他感覺到，你認為他誠實、公道、正直，大多數時候，他也會給你像你給他的同樣反應。」

所以，想要獲得人們對你的同意，第十條規則是：

激發人們更高尚的動機。

實行、推進，不要停頓下來

那是幾年以前的事情，《費城公報》受到惡意的謠傳和攻擊。有人指責那家報紙廣告多於新聞、內容貧乏、缺少報導，使讀者失去興趣而感到不滿，同時影響報紙的發行量。這家報社立刻採取行動，阻止這些惡意謠傳的渲染。

如何採取行動？

以下是他們使用的方法：

這家報社把一天之中各項閱讀資料剪下來，加以分類編成一本書，書名叫做《一天》。這本書有三百零七頁，與一本價值兩元的書頁數差不多，但是這份報紙只賣兩分錢。

這本書出版以後，具體表現《費城公報》新聞資料豐富的事實，比用圖表、數字、空談更有趣、更清楚，而且給人們深刻的印象。

柯特和考夫曼著作的《商業上的表演術》一書中，舉出很多例子，說明如何增加一家公司的業績。書中引述一家電器公司銷售冰箱的例子，為了證明冰箱在通電的時候沒有聲音，請顧客在冰箱旁邊點燃火柴，透過聽到點燃火柴的聲音，證明他們的冰箱沒有任何聲音。洛巴克帽子公司的營業項目上寫著，有電影明星安·蘇珊簽名的帽子，每頂是一·九五元。范爾巴停止陳設活動櫥窗以後，失去八〇%的觀眾。一家玩具公司使用米老鼠的商標，使其由破產轉為興隆。克萊斯勒汽車公司在一輛汽車上裝載幾頭大象，證明他們生產的汽車是堅固結實的。

紐約大學的巴頓和伯西，分析一萬五千個售貨訪問，寫了一本書——《如何贏得一次辯論》。他們把書中的內容歸納為一篇演講稿，稱為《售貨六原則》。然後，他們把這些原則拍攝成電影，在數百家公司的員工面前放映。他們也在許多公共場合進行示範表演，指出售貨的正確和錯誤的方法。

現在是表演的時代，只是敘述其中的原理，無法有具體的效果。這種原理需要生動活潑，需要使它更有趣、更戲劇化，所以要用一些「表演術」——電影和電視的應用。電影明星這樣做，電視明星這樣做，如果想要引起別人的注意，你也應該這樣做。

那些布置櫥窗的專門人才，他們知道戲劇化有驚人的力量。例如：有一家老鼠藥的製造商為經銷商布置一個櫥窗，上面放了兩隻活老鼠，以證實老鼠藥的功效。果然，這個星期銷售的老鼠藥比平時的銷售量多出五倍。

《美國週刊》的波頓要提交一篇冗長的市場報告，他的公司為一家最著名的面霜公司完成詳細的研究。其他公司降低價格，準備跟他們競爭，他必須向這家公司的老闆說明這件事情。

波頓先生承認，第一次會談算是失敗了。

他說：「第一次進去的時候，我覺得自己走錯路，走到那條無用的討論調查方法的路上。他辯論，我也辯論，他指責我是錯誤的，可是我盡力為自己證明，我沒有錯。」

「最後，雖然我的理由佔據優勢，自己也覺得很滿意，可是我的時間到了，會談結束，我沒有得到任何結果。」

「第二次，我沒有理會那些數字和表格，而是用戲劇的手法表現事實。我進入他的辦公室，他正在講電話。等他放下手中的話筒，我打開一個手提箱，拿出三十二瓶面霜，放在他的桌上，他知道這些東西是競爭對手的產品。」

「我在每個瓶子上貼上一張標籤，上面寫出調查的結果，那些標籤上也簡明地寫著這個產品之前的情形。」

「結果如何？這次不再有辯論，而是發生新奇的事情……他拿起那些面霜，查看標籤上的說明。然後，友善的談話展開了，我們融洽地交談，他詢問一些問題，而且有濃厚的興趣。他本來只給我十分鐘的談話時間，可是十分鐘過了，接著是二十分鐘、四十分鐘，一個小時結束的時候，我們還在交談。」

「這次我說的跟上次一樣，我把事實戲劇化，而且使用表演術，得到的結果多麼不同啊！」

所以，想要獲得人們對你的同意，第十一條規則是：

使你的意念戲劇化。

無計可施的時候，試試這個

施瓦布有一家工廠，廠長無法使自己管理的工人完成公司規定的生產量。施瓦布問那個廠長：「這是怎麼回事……像你這樣能幹的人，竟然無法使那些工人完成公司規定的生產量？」

廠長回答：「我不知道是怎麼回事……我用溫和的話鼓勵他們，有時候斥責他們，甚至用降職或撤職恐嚇他們，可是他們就是不願意認真工作。」

他們談話的時候，是日班快要結束、夜班即將開始的時候。

施瓦布對廠長說：「給我一枝粉筆。」他拿著一枝粉筆，走向鄰近的工人，問其中一個工人：「你們今天完成幾個單位？」那個工人回答：「六個。」

施瓦布聽了以後，不發一語，在地上寫了一個「6」，然後離開了。

夜班的工人來接班，看到這個「6」字，就問是什麼意思。

日班的工人說：「老闆剛才來這裡，問我們今天完成幾個單位，我回答六個，他就在地上寫了這個『6』字。」

第二天早晨，施瓦布又去工廠，發現夜班的工人把「6」拭去，寫上一個「7」。日班的工人看到這個「7」字，覺得夜班工人的工作效率比自己更好。哦，真的？是的，那就可以了。他們比夜班的工人表現得更好，充滿熱忱地工作。那天，日班快要結束的時候，他們留下一個大得出奇的「10」——就這樣，情況逐漸地好轉。

沒過多久，這家原來生產量落後的工廠比其他工廠的生產量更多。

這是什麼原因？

施瓦布用他自己的話來解釋：「想要完成一件事情，必須鼓勵競爭，那不是表示骯髒地賺錢，而是要有勝過別人的欲望。」

爭勝的欲望加上挑戰的心理，對一個有血氣的人來說，是一種最有效的激勵。

如果沒有這種挑戰，羅斯福不會坐上總統的寶座。這位勇敢的騎士，剛從古巴回來就被推舉為紐約州州長候選人。可是他的反對黨，聲稱他不是紐約州的合法居民，他知道這個情形以後，感到非常恐慌，準備退出選舉。

黨魁普拉特使用激將法，轉身對羅斯福大聲地說：「聖胡恩山的英雄是一個懦夫嗎？」因為這句話，羅斯福挺身跟反對黨對抗——後來的演變，歷史上有詳細的記載。

這個挑戰，不只改變羅斯福的生活，對美國的歷史來說，也產生很大的影響。施瓦布知道挑戰有很大的力量，普拉特知道，史密斯也知道。

惡魔島西端，有一座惡名昭彰的星星監獄。這座監獄沒有典獄長，裡面凶狠的犯人惡言沸騰，隨時可能發生危險。史密斯需要一位堅毅勇敢的人去治理星星監獄，可是誰可以勝任這個職務？他把新漢普頓的勞斯請來。

勞斯站在他面前的時候，他愉快地說：「去照顧星星監獄如何？那裡需要一個有經驗的人！」

勞斯感到很驚訝，他知道星星監獄的情形，那裡是如何危險，隨時會受到政治變化的影響。去那裡的典獄長，不斷地更換，沒有一個可以做上三個星期。他要考慮自己的終生事業，那裡值得冒險嗎？

史密斯看到他猶豫不決的樣子，微笑著說：「年輕人，我不會責怪你感到害怕。是的，那裡是一個不安全的地方，那是需要一個大人物才可以勝任的工作。」

史密斯是不是丟出一個挑戰？勞斯的心中立刻產生一種想要嘗試完成需要一個「大人物」的工作的意念。

於是他去了，而且在那裡長久地做下去。結果，他成為最著名的星星監獄的典獄長。他曾經完成一部《星星兩萬年》的作品，這本書暢銷全國，也上了電台廣播，他在獄中工作的故事被拍成很多部電影。他對罪犯人道化的見解，後來造就許多監獄改革的奇蹟。

費爾斯通輪胎和橡膠公司的創辦人費爾斯通曾經說：「不要以為用高額的薪水就可以聚集人才為我工作。只有競爭，才可以發揮他們的工作效能。」

那是每個成功人士都喜愛的競技，因為那是一個表現自己的機會，證明自己的能力和價值勝過別人，所以有那些稀奇古怪的競技比賽，就像競走比賽、喚豬比賽、吃派比賽，可以滿足他們爭強的欲望、自重感的欲望。

所以，想要獲得人們對你的同意，第十二條規則是：

提出一個挑戰。

一第四章一

說服別人的八種方法

How to Win
Friends and Influence People
Carnegie

用稱讚和真誠的欣賞做開始。間接地指出人們的錯誤。在批評對方之前，先談論自己的錯誤。顧全對方的面子。稱讚最細微的進步，而且稱讚每個進步。

給人們一個美名，讓他們去保全。使錯誤看起來容易改正。用鼓勵，使你要改正的錯誤，看起來很容易做到；使你要對方做的事情，看起來很容易做到。

選擇開始批評的方法

柯立芝總統執政的時候，一次週末，我的朋友應邀到白宮做客。他走進總統的私人辦公室，正好聽到柯立芝對一位秘書說：「你今天穿的衣服很漂亮，真是一個年輕漂亮的女孩。」

平時沉默寡言的柯立芝總統，一生很少讚美別人，卻對秘書說出那樣的話，那位秘書的臉上頓時湧現紅暈。總統又說：「不要難為情，我剛才的話是為了使你感到高興，從現在開始，我希望你對公文的標點要稍微注意一些。」

他對那位秘書的方法，雖然稍嫌明顯一些，可是運用的心理學原理很巧妙。我們聽到別人對自己的稱讚以後，如果再聽到其他不愉快的話，就會比較容易接受。

理髮師幫人修臉的時候，先敷上一層肥皂水——麥金萊在一八九六年競選總統的時候使用的方法，就是運用這個原理。

共和黨一位重要黨員撰寫一篇演講稿，他覺得自己寫得非常好，高興地在麥金萊面前，朗誦這篇演講稿——他認為，這是自己的不朽之作。這篇演講稿雖然有可取之處，但是沒有盡善盡美，麥金萊聽了以後覺得不適合，如果發表出去，可能會引起一場風波。麥金萊不想傷害他的熱忱，可是又不能不說「不」，現在看他如何應付這個場面。

麥金萊說：「我的朋友，這是一篇不同尋常、精彩絕倫的演講稿，我相信不會有人寫得比你更好。以許多場合來說，這是一篇非常適合的演講稿，可是如果在某個特殊場合，是不是也會適合？」

「從你的立場來說，那是非常適合的，可是我必須從政黨的立場來考慮這篇演講稿發表以後產生的影響。現在你回家，按照我提出的那些觀點再撰寫一篇，並且送一份給我。」

他真的那樣做了，麥金萊用藍筆修改他的第二次草稿，結果他在那次競選活動中，成為最有力的助選員。

這裡是林肯寫的第二封最著名的信件，他第一封最著名的信件是寫給比克斯比夫人，為她的五個兒子在戰場上犧牲表示哀悼。林肯寫那封信可能只花費五分鐘時間，可是那封信在一九二六年公開拍賣的時候，售價高達一萬兩千元，這個數目比林肯五十年可以積蓄的錢更多。

這封信，是林肯在一八六三年四月二十六日，內戰最黑暗的期間寫的。那個時候，已經是第十八個月——林肯的將領們帶著聯軍屢遭慘敗，一切只是無用而愚蠢的人類屠殺。全國譁然震驚，數以千計的士兵臨陣脫逃，參議院的共和黨議員產生內訌。更令人注意的是，他們要強迫林肯離開白宮。

林肯說：「我們現在已經走到毀滅的邊緣——我似乎感覺到上帝也在反對我們，我看不到一絲希望的曙光。」這封信就是在如此黑暗而混亂的時期寫的。

我摘錄這封信的主要目的，是為了說出林肯如何改變一位固執的將領，原因是全國成敗的命運依託在這位將領的身上。

這應該是林肯任職總統以後，措辭最犀利的一封信。但是你仍然可以注意到，林肯在指出他的嚴重錯誤以前，先稱讚這位胡克將軍。

是的，那些是嚴重的錯誤，可是林肯不做那樣的措辭。他具有保守和外交的手腕，這樣寫著：「有些事情，我對你沒有非常滿意。」他用機智的手腕加上外交的詞彙。

這是寫給胡克將軍的信：

我已經任命你擔任波多馬克軍隊的司令官，當然，我這樣做是根據我所有充分的理由。可是我希望你也知道，有些事情，我對你沒有非常滿意。我相信你是一個睿智善戰的軍人，當然，這一點是我感到欣慰的。同時我也相信，你不至於把政治和你的職業摻混在一起，這個方面你是對的。你對自己有堅定的信心——那是一種有價值、可貴的美德。

你很有野心，那在某種範圍內，是有益而無害的。可是在伯恩賽德將軍帶領軍隊的時候，你放縱自己的野心行事，進而加以阻撓他。在這件事情上，你對自己的國家，對一位擁有功勳而光榮的同僚軍官，犯下一個很大的錯誤。

我曾經聽說，並且使我相信，你說軍隊和政府需要一位獨裁者。當然，我給你軍隊指揮權，並非是出於這個原因。同時，我也沒有想到那些。

只有戰爭中獲得勝利的將領，才有成為獨裁者的資格。目前，我對你的期望，是軍事上的勝利。到那個時候，我會冒著危險，授予你獨裁權。

政府會盡其所能地支持你，就像支持其他將領一樣。我擔心你灌輸給軍隊和長官的那種不信任指揮官的思想，會落到你自己的身上，所以我願意竭力幫助你，平息你這種危險的思想。

軍隊中如果有這種思想存在，即使是拿破崙還活在這個世界上，他可以從軍隊中得到什麼？現在不要輕率推進，也不要過於匆忙，需要小心謹慎，不眠不休地爭取我們的勝利。

你不是柯立芝，不是麥金萊，更不是林肯，想要知道這種哲理在日常商業中對你真的有用嗎？我們以費城華克公司的卡伍先生為例。他是我在費城舉辦的講習班的學生，這是他在班上說過的一個故事：

華克公司在費城承包建造一座辦公大樓，而且指定在某一天必須完工。這項工程，每件事情都進行得很順利，這座建築物快要完工了。突然，承包外觀青銅裝飾的商人說自己無法如期交貨。什麼！所有建築工事都要停頓下來！無法如期完工，就要交付巨額的罰款！慘重的損失——只是為了那個承包青銅裝飾的商人。

長途電話，激烈地爭辯，沒有任何用處，於是卡伍被派往紐約，找那個商人當面交涉。

卡伍走進這個商人的辦公室，第一句話就這樣說：「你應該知道，你的名字在布魯克林區中，是絕無僅有的？」

這個商人聽到這句話，感到驚訝和意外，搖著頭說：「不，我不知道。」

卡伍說：「今天早上我下火車，查看電話簿找你的地址，發現布魯克林區中，只有你一個人叫這個名字。」

商人說：「我從來沒有注意到。」於是，他很有興趣地把電話簿拿來查看，確實如此。他很自豪地說：「是的，這是一個不常見到的名字，我的祖先原籍是荷蘭，搬來紐約已經有兩百年了。」他繼續談論自己的祖先和家世的情形。

他結束這個話題以後，卡伍又找一個話題，稱讚他擁有一家規模龐大的工廠。卡伍說：「這是我見過的銅器工廠中，最乾淨、整潔的一家。」

商人說：「是的，我花費一生的精力經營這家工廠，我引以為榮，你願意參觀我的工廠嗎？」

參觀的時候，卡伍稱讚這家工廠的組織系統，並且指出哪些方面比其他工廠優良，也稱讚一些特殊的機器。這個商人告訴卡伍，那些機器是他自己發明的。他花費很長的時間，說明這些機器的使用方法和特殊功能。他堅持邀請卡伍共進午餐！你必須記住這一點，直到現在，卡伍對於自己這次的來意隻字未提。

午餐以後，這個商人說：「現在，言歸正傳。當然，我知道你來這裡的目的。可是沒有想到，我們見面以後，會談得如此愉快。」他的臉上帶著笑容，「你可以先回費城，我保證你們訂購的貨物會準時運送到你們那裡，即使犧牲其他生意，我也願意。」

卡伍沒有任何的要求，卻可以達到自己的目的。那些貨物全部如期運到，那座建築物沒有受到任何影響而如期完工。現在話又說回來，如果卡伍使用激烈爭辯的方法，會不會有這樣滿意的結果？

所以，想要改變人們的意志，第一條規則是：

用稱讚和真誠的欣賞做開始。

如何批評才不會引起反感？

一天中午的時候，施瓦布走進自己的一家鋼鐵廠，看到幾個工人在抽菸，那些工人頭頂的牆上，掛著一個「禁止吸菸」的牌子。施瓦布是不是指著那個牌子，對那些工人說：「你們是不是不識字？」不，沒有，施瓦布絕對不會這樣做。

他走到那些工人面前，拿出菸盒，給他們每人一支雪茄，然後說：「嗨，弟兄們，不要感謝我給你們雪茄，如果你們可以到外面抽菸，我會更高興。」那些工人已經知道自己犯錯——可是他們佩服施瓦布，他沒有責備他們，而是給他們每人一支雪茄，使他們覺得高貴。像這樣的人，你會不喜歡嗎？

沃納梅克是費城一家百貨公司的老闆，他也喜歡運用這樣的方法。每天，他會去自己的百貨公司一次。有一次，他看到一個女客人站在櫃檯外面等著買東西，可是沒有人招呼她。

哦，售貨員呢？他們在櫃檯遠處的角落聊天。沃納梅克一聲不響，悄悄走到櫃檯裡面，自己招呼那個女客人。然後，他把成交的貨物交給售貨員包裝，自己就離開了。

一八八七年三月八日，最善於佈道的比徹牧師去世了。下一個星期日，阿伯特牧師被邀請登台講道。他決定盡其所能，使自己在這次講道中有完美的表現，所以寫了一篇演講稿，準備及時應用。

他不斷地修改，終於完成那篇演講稿，然後讀給自己的妻子聽。可是這篇演講稿不理想，就像普通的演講稿一樣。

如果他的妻子沒有足夠的修養和見解，就會對他這樣說：「阿伯特，這篇演講稿糟透了，絕對不能用——如果你這樣說，聽眾一定會睡著，它就像百科全書一樣，你講道這麼多年，應該很明白。看在上帝的份上，你為什麼不像平常那樣說話，為什麼不自然一些？」

她可以對自己的丈夫這樣說！如果她這樣說，結果又會如何？

那位阿伯特夫人，相信她知道這件事情，所以她巧妙地暗示丈夫，如果把這篇演講稿拿到《北美評論》發表，確實是一篇很好的文章。也就是說，她讚美丈夫的作品，同時巧妙地暗示丈夫，這篇演講稿不適合講道。阿伯特看出妻子的暗示，把這篇絞盡腦汁完成的演講稿撕碎，什麼也不準備就去講道了。

想要阻止一件事情，一定要記住：避免正面的批評。如果有這個必要，可以旁敲側擊地暗示對方。對人們正面的批評，會傷害他的自重感，也會剝奪他的自尊。如果你旁敲側擊，對方知道你用心良苦，不僅會接受，還會感謝你。

所以，想要改變人們的意志，第二條規則是：

間接地指出人們的錯誤。

先說出自己的錯誤

幾年以前，我的侄女約瑟芬離開堪薩斯城，到紐約做我的秘書。她十九歲，三年前從一所中學畢業，只有一些做事的經驗，現在是一位很能幹的秘書。

剛開始的時候，我覺得她有待改進。有一天，我想要批評她，先對自己這樣說：「等一下，戴爾‧卡內基……你的年紀比約瑟芬大一倍，商業經驗比她多一萬倍。你怎麼可以期望她具有你的觀點、你的判斷力、你的見解？戴爾，你十九歲的時候在做什麼？記得你那個笨拙而愚蠢的錯誤嗎？」

真誠而公平地想過這些以後，我發現約瑟芬比我當年好多了。所以從此以後，我提醒約瑟芬的時候，總是這樣說：

「約瑟芬，你犯了一個錯誤，可是老天爺知道，這個錯誤沒有比我的錯誤更糟糕。你不是生下來就會判斷一件事情，那是需要從經驗中得來。」

「而且，你比我那個時候好多了。我犯過很多可笑的錯誤，不想批評你或是其他人……可是，如果你按照這樣去做，不是更明智嗎？」

如果批評的人先謙虛地承認自己的錯誤，然後再指出人們的錯誤，比較容易讓人們接受。

圓滑的比洛總理在一九〇九年已經深切地感覺到使用這種方法的重要性。因為，當時德國國王威廉二世在位，他目空一切，高傲自大，建設陸軍和海軍，想要與全世界為敵。

於是，一件驚人的事情發生了！他說出一些令人難以置信的話，震撼整個歐洲，甚至影響到世界各地。最糟糕的是，他把這些可笑、自傲、荒謬的言論，在自己做客英國的時候，在群眾面前發表，並且允許《每日電訊報》按照原意在報紙上發表。

例如：他說自己是唯一對英國感覺友善的德國人，自己正在建設海軍以對付日本的威脅。他表示，只有他一個人可以使英國不致屈辱於法國和俄國的威脅之下。他又說，英國羅伯茲爵士可以在南非戰勝荷蘭人，都是出於他的計畫。

在一百年以來的和平時期，歐洲沒有一個國王會說出這樣驚人的話。歐洲各國的譁然和騷動，像蜂似的湧起，英國人非常憤怒，德國的那些政治家更是為之震驚。

在這陣驚慌期中，德國國王逐漸感到事態嚴重，有些慌張了。他向比洛總理暗示，要他代為受過。是的，德國國王要比洛總理宣稱所有都是他的責任，是他建議德國國王說出那些不可信的話。

可是，比洛總理做出這樣的表示，他說：「但是陛下，不管是德國人或是英國人，不相信我會建議陛下說出那些話。」

比洛總理說出這句話以後，立刻發現自己犯了一個嚴重的錯誤。果然，激起德國國王的憤怒。他咆哮地說：「你認為我是一頭笨驢，你不會犯的錯誤，但是我犯了？」

比洛總理知道應該先做某種稱讚，然後指出他的錯誤，可是為時已晚。他只能做第二步的努力：在批評以後，再加以讚美。結果，立刻出現奇蹟——其實，稱讚經常是這樣的。

比洛總理恭敬地說：「陛下，我絕對不是那個意思，陛下在許多方面勝過我，不只是在海軍的知識上，尤其是在自然科學方面。陛下每次談到晴雨表、無線電報的科學學理的時候，我總是為自己感到羞恥，覺得自己知道得太少……」

「我很慚愧，對於各門自然科學不瞭解，化學和物理更是一竅不通；最普通的自然現象，我也無法解釋。然而，稍微可以彌補的是，我知道一些歷史知識，也有一些政治上的才能，尤其是外交上的才能。」

德國國王的臉上顯現笑容，因為比洛總理稱讚他，比洛總理抬高他，貶低自己。比洛總理這樣解釋以後，德國國王立刻原諒他。他熱忱地說：「我不是經常跟你說，你和我以彼此可以相輔相成而著名……我們需要赤誠的合作，而且我們願意這樣做。」

他不只一次和比洛總理握手，而是很多次。那天下午，他緊緊握著比洛總理的手，然後說：「如果有人對我說比洛不好，我就用拳頭打在他的鼻子上。」

比洛總理及時拯救自己！他雖然是一個手腕靈活的外交家，可是他做錯一件事情。他開始應該談論自己的缺點，指出德國國王的優點——不能暗示德國國王是一個智力不足、需要別人保護的人。

如果用幾句貶低自己而稱讚對方的話，可以把傲慢的德國國王變成忠實的朋友，試想——謙遜和稱讚，在我們日常生活接觸中，可以對我們產生什麼樣的效果？如果我們適當地使用，在人與人之間的關係上，就會發生不可思議的奇蹟。

所以，想要改變人們的意志，第三條規則是：

在批評對方之前，先談論自己的錯誤。

讓對方保住自己的面子

幾年以前，美國奇異公司遇到一件不容易應付的事情：他們想要撤去史坦梅茲的部長職務。對於電學方面的知識，史坦梅茲可以算是一等人才，可是他擔任計算部的部長卻等於廢物。他是電學方面不可多得的人才，而且非常敏感，公司不敢得罪他。所以，公司給他一個新頭銜，請他擔任顧問工程師，另派他人擔任計算部的部長。

史坦梅茲很高興！

奇異公司的主管人員也很滿意。他們在平和的氣氛中，調動一位有怪癖的高級主管——他們之間，沒有發生任何不愉快的事情，因為他們讓史坦梅茲保住自己的面子。

顧全一個人的面子，那是多麼重要！可是我們之中很少有人想到。我們蹂躪別人的感情，不留任何餘地，尋找別人的錯誤，或是加以恐嚇！在別人的面前，批評他的孩子或是他的員工，不顧慮別人的尊嚴！

其實，我們只要花費幾分鐘的時間去思考，再說幾句體恤的話，理解對方的觀點，就可以消除很多刺痛。

如果我們需要解雇傭人或是員工的時候，應該記住這樣做。

現在，我引述會計師格蘭傑給我的一封信：

解雇員工不是一件有趣的事情，被解雇的人更不會覺得有趣。我負責的業務是有季節性的，所以每年的三月，我都要解雇一些員工。

在我們這個行業中，有一句俗話——「沒有人喜歡揮舞斧頭」。結果，就形成一種習慣，越迅速解決越好。我解雇員工的時候，總是這樣說：「請坐，現在季節已過，我們似乎沒有工作給你做。當然，我相信你事前也知道，我們只是在忙不過來的時候，才會請你們來幫忙。」

我說的這些話，對這些人的影響是一種失望，一種被人解雇的感覺。他們之中多數是終身在會計行業中討生活，他們對這些草率解雇自己的公司，沒有顯得特別的喜愛。

最近，我要解雇那些額外員工的時候，稍微使用一些技巧。我仔細看過他們在這一季中的工作成績，然後召見他們。我對他們的談話是這樣的：

「先生，你這一季的工作成績很好。之前，我派你到紐華克處理的那件事情，確實很困難，但是你處理得很好，公司有你這樣的人才，實在很幸運。你很能幹，你的前途遠大，無論到什麼地方，都會有人歡迎你。公司很相信你，很感謝你，希望你有空經常回來！」

結果如何？這些被解雇的人，心情似乎舒服多了，不再覺得自己受到委屈。他們知道，以後如果這裡有工作的時候，還會請他們來幫忙。我們再請他們來幫忙的時候，他們對我們公司更有親切感。

已故的梅洛先生，有一種奇妙的才能，專門勸解兩個水火不容的仇家。他是如何做的？他仔細地找出雙方都有理的事實，對於這一點，他加以讚許，直到雙方滿意為止，並且無論最後如何解決，絕對不說任何一方有錯。

每個仲裁者都會讓人們保住自己的面子。世界上真正偉大的人物，不會只注意自己某個方面的成就。

經過數百年的敵對仇視，土耳其人在一九二二年決定要把希臘人驅逐出境。

土耳其總統凱末爾悲痛地對士兵說：「你們的目的地，就是地中海。」就是這句話，一場現代史上最激烈的戰爭開始了，這場戰爭的結果是土耳其獲勝。希臘的兩位將軍泰克比斯和狄阿尼向凱末爾請降的時候，沿途受到土耳其民眾的辱罵。

可是，凱末爾沒有以勝利者自居，顯現出驕傲的態度。

他握著他們的手說：「兩位請坐，你們一定感到疲倦了！」凱末爾談論戰爭情況以後，為了減少他們心理上的痛苦，他說：「戰爭就像一場競技比賽，有時候高手也會遭遇失敗。」

所以，想要改變人們的意志，第四條規則是：

顧全對方的面子。

如何鼓勵人們成功？

我很早就認識巴洛，他對狗和馬的性情很瞭解，把畢生的精力都用在馬戲團和雜耍團上。我喜歡看他訓練新的狗做戲。我注意到，那條狗在動作上稍有進步的時候，巴洛會拍拍牠，稱讚牠，並且給牠肉吃。那不是什麼新鮮的事情。訓練動物的人，幾個世紀以來都是運用這樣的技巧。

我覺得很奇怪，我們想要改變一個人的意志，為什麼不用訓練狗那樣的技巧？我們為什麼不用肉來替代皮鞭？也就是說，為什麼不用稱讚來替代責備？即使只有稍微的進步，我們也要稱讚，這樣可以鼓勵別人繼續進步。

勞斯典獄長發現，即使對星星監獄裡的凶狠犯人，稱讚最微小的進步也是有效的。我寫這本書的時候，收到勞斯的一封信，信上這樣說：「我發現對於犯人們的勤勞，如果加以適度的誇獎，比嚴厲地懲罰和責備他們的錯誤更可以得到他們的合作，更可以促進他們恢復品格。」

我從來沒有在星星監獄坐過牢——至少目前還沒有，可是我回想自己過去的生活中，有一些時候因為幾句讚美的話而改變自己的將來。你的一生中，是否也有同樣的情形？歷史上關於稱讚給人們神奇力量的例證，真是不勝枚舉。

五十年前，有一個十歲的孩子，在那不勒斯一家工廠工作，他從小就有一個理想，希望將來成為一個歌唱家。他的第一位老師卻給他一個打擊，那位老師說：「你不能唱歌，你的聲音很差，沒有比你發出來的聲音更難聽的。」

可是，那個孩子的母親，一個貧苦的農家婦女，摟著自己的孩子稱讚他。她告訴自己的兒子，他可以唱歌，她已經看出他在進步。她光著腳去工作，就是要省錢給兒子付音樂班的學費。那位農家母親鼓勵自己的兒子，稱讚自己的兒子，終於改變這個孩子的一生。你也許聽過這個孩子的名字，他就是當代傑出歌王卡魯索。

許多年以前，倫敦有一個年輕人，渴望可以成為一位作家，可是他所有的遭遇好像跟他作對似的。他接受的學校教育不到四年，他的父親因為無法還債而入獄，使這個年輕人飽嘗饑餓的滋味。最後，他找到一份工作——在一間老鼠出沒的倉庫裡，黏貼墨水瓶上的標籤。

晚上，他跟兩個來自倫敦貧民窟的孩子住在樓頂的一個房間。他對自己的寫作能力缺乏信心！完成第一篇稿子的時候，他害怕會被別人譏笑，只能在夜間悄悄地把稿子投入郵筒。他不斷地寫稿和投稿，但是他寄出的那些稿子，都被退回來了。

可是，偉大的一天到來了，他的一篇稿子被發表了。其實，他連一先令的稿費也沒有得到，但是錄用他那篇稿子的編輯稱讚他的作品。他非常高興，流著淚，漫無目的地走在街上。

由於一篇稿子刊登而得到的稱讚和承認，改變他的終生事業。如果不是那次鼓勵，他可能一輩子都會在那間老鼠出沒的倉庫工作。你也許聽過這個孩子的名字，他就是英國文學家狄更斯。

那是五十年前的事情，有一個年輕人在一家店鋪工作，每天早晨五點就要起床打掃店鋪，一天工作十四個小時。這樣經過了兩年，他實在無法忍受下去。某天早晨，他等不及吃早餐，一口氣走了十五里路，找自己那個做管家的母親商談。

他像瘋了似的向母親哭著哀求，發誓再也不回那家店鋪工作；如果他必須再留在那家店鋪，他就要自殺。他寫一封很長的信給自己的校長，聲稱自己傷心欲絕，不想再活下去。他的校長給他一些讚美，認為他是一個聰明的年輕人，應該找一份更適合自己的工作，然後給他一個教師的職位。

那個讚許改變那個年輕人的將來，並且在英國文學史上留下一個無法磨滅的印記。因為那個年輕人從此以後完成七十七部作品，用他的筆賺進一百多萬元。你也許聽過他的名字，他就是英國史學家威爾斯。

一九二二年，加州有一個年輕人，無法照顧妻子的生活。星期日，他去教會唱詩班賣唱；偶爾在別人的婚禮中唱歌，可以賺進五元。他的生活非常貧困，沒有能力住在城裡，只能在鄉下一座葡萄園中租一間破舊房子，每個月租金是十二・五元。

他住的房子，雖然租金非常便宜，可是他還是無法負擔，拖欠房東十個月的租金。他在環境逼迫之下，幫房東摘葡萄，以償還租金。他後來告訴我，在不得已的情形下，窮得沒有東西吃的時候，就拿葡萄來填飽肚子。

失望之餘，他幾乎想要放棄歌唱這份愛好，去推銷載重汽車謀生。就在這個時候，他的朋友休斯稱讚他。休斯對他說：「你的聲音很有發展的可能，你應該去紐約學唱歌。」

那個年輕人最近對我說，就是那個稱讚，那個細微的鼓勵，成為他事業上的轉捩點。於是，他向朋友借了兩千五百元，去紐約學唱歌。你也許聽過他的名字，他就是知名歌唱家席貝德。

說到如何改變一個人的意志，如果我們激勵自己接觸的人，讓他們知道自己潛藏的能力，我們所做的，不只是改變他們的意志，而是改變他們的命運！

這句話過分嗎？我們看看美國最負盛名的心理學家和哲學家威廉・詹姆斯留下的名言：

如果與我們應該成就的事業相比，我們只是半醒著，只利用自己身心資源的一小部分。也可以這樣說，每個人，就這樣的生活著，在他應該有的極限之內；他有各種的力量，可是卻不會利用。

是的，正如之前所說，我們擁有許多潛在的能力，可是卻不會利用。這些潛在的能力，其中一項是：稱讚別人、激勵別人，讓他們知道自己潛在的能力蘊藏的神奇效力。

所以，想要改變人們的意志，第五條規則是：

稱讚最細微的進步，而且稱讚每個進步。

給狗取一個好名字

我的朋友根特夫人住在紐約白利斯德路，剛雇好一個女傭，下個星期一開始工作。根特夫人打電話給那個女傭以前的女主人，那位夫人說這個女傭不好。那個女傭來上班的時候，根特夫人說：

「妮莉，前天我打電話給你以前做事的那位夫人。她說你誠實可靠，很會做菜，也會照顧孩子，但是你平時很隨便，無法把房間收拾乾淨。我覺得她說的話沒有根據，你穿得很整潔，每個人都可以看出來……我可以打賭，你收拾房間，絕對和你的人一樣整潔乾淨。我也相信，我們會相處得很好。」

是的，她們相處得很好，妮莉想要保住自己的名譽，所以根特夫人說的事情，她真的做到了。她把房間收拾得很乾淨，寧願多花費一些時間，也不願意破壞根特夫人對自己的印象。

鮑德溫鐵路機車工廠總經理沃克蘭曾經說：「一般人都會願意接受指導，如果你得到他的尊敬，並且對他的某種能力表示尊敬。」

我們也可以這樣說，想要改善一個人某個方面的缺點，就要表示出他已經具有這個方面的優點。莎士比亞說：「如果你沒有某種美德，就要假設你有。」這就像「假設」對方有你要激發的美德，給他一個美好的名譽去表現，他會盡其所能，不願意使你感到失望。

盧布朗在她的《我和梅特林克的生活》一書中，曾經敘述一個卑微的比利時女傭的驚人改變。她這樣寫著：

隔壁飯店有一個女傭，每天為我送飯菜，她的名字是「洗碗的瑪麗」。因為她開始工作的時候，是廚房裡的一個助手。她的長相真是古怪：一對鬥雞眼，兩條彎曲的腿，身上瘦得沒有肉，顯得無精打采。

有一天，她端著一盤麵來給我，我坦白地對她說：「瑪麗，你知道你有內在的財富嗎？」

瑪麗似乎有壓抑自己感情的習慣，害怕會招來什麼災禍，不敢做出任何喜歡的樣子。她把麵放在桌上以後，嘆了一口氣說：「夫人，我從來不敢想到那些。」她沒有任何懷疑，也沒有提出問題，只是回到廚房，反覆思考我說的話。

從那天開始，她似乎也考慮到那件事情。在她卑微的心裡，已經產生一種神奇的變化。她相信自己是看不見的暗室之寶，開始注意修飾自己的臉部和身體。她原來枯萎的青春，逐漸洋溢青春般的氣息。

兩個月以後，我要離開那個地方，她突然告訴我，她要跟廚師的侄子結婚。她悄悄地告訴我：「我要去做別人的妻子」，並且向我道謝。我只用了這樣簡短的一句話，就可以改變她的人生。

洗碗的瑪麗，這個美好的讚譽，改變她的一生。

利士納要影響在法國的美國士兵的行為，也使用同樣的方法。哈巴德將軍——一位最受人們歡迎的美國將軍，他告訴利士納，在他看來，在法國的美國士兵，是他認為最優秀的部隊。

這是不是過分的讚許？或許是，可是我們看利士納如何運用它！

利士納說：「我從未忘記把哈巴德將軍說的話告訴士兵們，我沒有懷疑這句話的真實性。即使不真實，那些士兵知道哈巴德將軍的意見以後，也會努力達到那個程度。」

有這樣一句古語：「如果不給狗取一個好聽的名字，不如把牠勒死。」

幾乎包括富人、窮人、乞丐、盜賊，每個人都會盡其所能，保住別人贈予自己的名譽。

星星監獄的典獄長勞斯說：「如果你要對付一個盜賊或騙子，只有一個方法可以制服他，那就是：對待他如同對待紳士一樣，假設他是一位正人君子，他會感到受寵若驚，會驕傲地認為有人信任他。」這句話太重要了，太好了！

所以，想要改變人們的意志，第六條規則是：

給人們一個美名，讓他們去保全。

使錯誤看起來容易改正

我有一個尚未結婚的朋友，已經四十歲，不久以前才訂婚。他的未婚妻勸他學跳舞，這對他來說或許太遲了。以下是事情的經過：

天曉得我需要學跳舞——因為我現在跳舞，還是像二十年前開始學跳舞的時候一樣。我聘請的第一位老師說的也許是真話。她告訴我，我的舞步完全不對，必須重新開始，使我很沮喪。我不想再學了，所以把她辭退。

第二位老師說的也許不是真話，可是我聽了很高興。她冷漠地對我說，我跳的舞步有些過時，可是基本上是對的，我可以學會幾種流行的舞步。

第一位老師打消我的興趣，第二位老師正好相反，她不斷地稱讚我，減少我舞步上的錯誤。她肯定地對我說：「你有一種很自然的韻律感，你應該是一位天才的舞蹈家。」可是我自己知道，我只是一個第四流的舞蹈者。可是在我的內心深處，希望她說的也許是真的。是的，或許是我付了學費，才會使她說出那些話。

但是無論如何，我現在跳的舞步比她還沒有說我「有一種很自然的韻律感」那句話之前更好。我感謝她，那句話鼓勵我，給我希望，使我自己願意改進。

告訴你的孩子、你的配偶，或是你的員工，他在某件事情上愚蠢至極，沒有任何天分，他做的完全不對，就會破壞他想要進步的心理。可是，如果運用一種相反的技巧，多給一些鼓勵，把事情看作很容易，使對方知道你對他有信心，他有尚未發展的天賦，他就會付出最大的努力，爭取這個勝利。

那是湯瑪斯使用的方法——他是人際關係學上一位偉大的藝術家。他會成全你，給你信心，用勇氣和信任鼓勵你。我現在舉出一個例子：

最近，我和湯瑪斯夫婦共度一個週末。星期六晚上，他們約我一起玩橋牌。我對橋牌一竅不通，這個遊戲對我來說，就像一個神秘的謎。「不，不，我不會！」我只能這樣說。

湯瑪斯說：「戴爾，這沒有什麼技巧。玩橋牌的時候，只要用一些記憶和判斷就可以，此外談不上任何技巧。你曾經撰寫一篇關於記憶方面的文章，所以橋牌對你來說，是一個很容易學會的遊戲。」

這是我有生以來，第一次坐在橋牌桌上，那是由於湯瑪斯說我有玩橋牌的天賦，使我感覺這種遊戲不困難。

說到橋牌遊戲，使我想起庫伯森。玩橋牌的場所，沒有人不知道庫伯森這個名字。他著作關於橋牌的書籍已經譯成十二種語言，銷售發行的數量超過一百萬冊。可是，他曾經這樣跟我說——如果不是有一個年輕女人告訴他，他有玩橋牌的天賦，他絕對不會以玩橋牌作為職業。

一九二二年，他來到美國的時候，想要找一個教導哲學或是社會學的工作，可是沒有結果。後來，他推銷煤炭，結果失敗了。最後，他推銷咖啡，也一無所成。那個時候，他從未想到教導別人玩橋牌。他是一個不精於玩牌的人，而且很固執，經常會找出很多麻煩的問題去問對方，所以沒有人願意跟他一起玩牌。

後來，他遇到一位美麗的橋牌老師迪倫女士，對她產生愛情，他們結婚了。迪倫注意到他非常認真地分析自己手中的牌，於是說他對於橋牌有潛在的天賦。庫伯森對我說，就是由於迪倫那句話的鼓勵，使他成為職業的玩橋牌專家。

所以，想要改變人們的意志，第七條規則是：

用鼓勵，使你要改正的錯誤，看起來很容易做到；使你要對方做的事情，看起來很容易做到。

使人們願意做你建議的事情

一九一五年，美國舉國震驚，因為就在一年前，歐洲各國彼此殘殺，規模之大，為人類戰爭史上所罕見。和平可以實現嗎？沒有人知道。可是，威爾遜總統決定要為這件事情而努力，他要派一個代表、一個和平使者和歐洲那些軍閥商議。

當時，國務卿布萊恩是主張和平最有力的人，希望為這件事情奔走。他看出這是一個絕佳的機會——可以完成一個名垂後世的偉大任務。可是威爾遜總統卻派了另一個人——布萊恩的朋友豪斯上校。豪斯上校如果把這件事情告訴布萊恩，卻不引起布萊恩的憤怒，是一件不容易做到的事情。豪斯上校的日記中寫著：

布萊恩聽說我要去歐洲擔任和平使者的時候，感到非常失望。布萊恩表示，這件事情原本他是準備自己去的。

我回答：「總統認為，一位政府官員處理這件事情，非常不適宜。如果去了那裡，會引起人們的注意，美國政府怎麼派國務卿來商議此事？」

你是否看出這句話中的暗示？豪斯上校似乎在告訴布萊恩，他的職位是何等重要，不適合處理那件事情，布萊恩感到很滿意。

機警而有處世經驗的豪斯上校，做到人類關係中一個重要的規則，那就是：永遠使人們願意做你建議的事情。

威爾遜總統邀請麥卡杜擔任內閣成員的時候，也運用這個規則！那是他可以給任何人的最高榮譽，可是威爾遜總統的做法，更使別人感覺到自己非常重要。這裡是麥卡杜自己敘述的故事：

威爾遜總統說他正在組織內閣，如果我答應擔任財政部長，會使他非常高興。他把這件事情說得讓人非常開心；他使我覺得，我如果接受這項榮譽，就像我幫他一個忙。

不幸的是，威爾遜總統沒有永遠運用那個規則，如果他加以運用，歷史的演變或許跟現在完全不同。例如：美國加入國際聯盟，沒有得到參議院和共和黨的同意。威爾遜總統拒絕帶魯特、休斯，或是其他著名的共和黨黨員隨行參加和平會議，而是帶兩個黨內沒有名望的人參加會議。他冷落共和黨，使他們覺得創辦國際聯盟不是他們的意見——這是他的意思，不要他們插手。威爾遜粗率的處置，摧毀他的事業，損害他的健康，甚至影響他的生命，使美國始終沒有加入國際聯盟，並且改變以後世界的歷史。

著名的雙日出版社永遠遵守這個規則：使人們願意做你建議的事情，他們明確地履行這個規則。知名作家亨利說，雙日出版社拒絕為他出版某部作品，會拒絕得非常謙恭得體，不會讓他感到不愉快。亨利覺得雙日出版社雖然拒絕自己，可是比其他出版社接受自己的作品更值得高興。

我認識一個人，很多人邀請他去演講，因此他必須拒絕很多人。邀請他的人是他的朋友，或是那些很有聲望的人。然而，他的婉辭非常巧妙，對方雖然遭到拒絕，可是感到很滿意。

他是如何應付他們的？聲稱自己太忙，無法抽出時間？還是其他什麼原因。不，不是的。他表示感謝對方的邀請，同時感到非常抱歉，並且建議一個可以代替自己演講的人。也就是說，他不會使對方感到不愉快。

他會做出這樣的建議：「為什麼不邀請我的朋友布魯克林（《鷹報》）的編輯洛格斯先生為你們演講？你有沒有想到那位伊考克先生？他曾經在巴黎住了十五年，關於他在歐洲做通訊員的經驗，相信會有許多驚奇的故事。還有那位郎法洛先生，他有很多在印度打獵的影片。」

萬特是紐約一家印刷公司的經理，他要改變一個技師的態度和要求，卻不引起反感。這個技師負責管理一些打字機，以及其他日夜不停在運轉的機器。他總是抱怨工作太多，工作時間太長，需要一個助手。

可是萬特先生沒有縮短他的工作時間，也沒有給他一個助手，卻使他覺得很高興，這是什麼原因？

萬特想出的方法很簡單，他給那個技師一間辦公室，辦公室外面掛上一個牌子，上面寫著他的名字和頭銜——服務部主任。

這樣一來，他不再是任何人可以隨便使喚的技師。他是一個部門的主任，有自尊和自重的感覺，他現在很高興，已經不再抱怨了。

是不是很幼稚？或許是……有一件事情發生在拿破崙身上：他創建榮譽軍團的時候，發出一千五百枚十字勳章給自己的士兵，封自己的十八位將軍為「法國元帥」，稱自己的軍隊為「偉大的軍隊」的時候，人們說他孩子氣，譏笑他拿玩具給那些出生入死的退伍軍人。拿破崙回答：「是的！有時候，人們就是被玩具統治。」

這種授予頭銜或是權威的方法，對拿破崙有效，對你同樣有效。例如：我的一個朋友——紐約的根特夫人，她的家裡有一塊草地，經常被那些頑皮的孩子踩壞，使她受到很大的困擾。根特夫人對那些孩子勸告和恐嚇都不管用，後來她想出一個方法：

她從他們之中，找出一個最壞的孩子，並且給他一個頭銜，使他有一種權威的感覺。她叫那個孩子做自己的「密探」，專門偵察那些侵入草地的孩子。這個方法果然有效，她的「密探」在後面院子燃起一堆火，把一根鐵棍燒得火紅，恐嚇那些孩子，誰再闖進草地，他就用燒紅的鐵棍燙誰。

這就是人類的天性。

所以，想要改變人們的意志，第八條規則是：

使人們願意做你建議的事情。

— 第五章 —

創造奇蹟的信

How to Win
Friends and Influence People
Carnegie

每個人都希望被別人欣賞、被別人重視……甚至會不顧一切地達到這個目的。可是，沒有人會接受虛偽的奉承。巧妙運用「請你幫我一個忙」、「請你幫我解決一個困難」的心理學知識，可以創造高出奇蹟數倍的效果。

富蘭克林運用這種方法，把一個仇人變成終生的朋友。我們要盡量激發人們的自尊心，但是不要運用諂媚和虛偽的技巧，如果誤用，絕對不會有效果。

奇蹟是可以創造的

我敢打賭，我知道你現在在想什麼。你可能在對自己這樣說：「『創造奇蹟的信件』！太可笑了，那是賣狗皮膏藥的廣告！」

如果你有這樣的想法，我不會責怪你。如果十五年前，我拿起這樣一本書，也會有那樣的想法。是不是覺得懷疑？好吧，我喜歡「懷疑」的人。我在二十歲以前，住在密蘇里州……我就是喜歡「懷疑」的人。似乎人類思想有所進步，都是從懷疑、發問、挑戰而來。

我們應該誠實，我使用「創造奇蹟的信件」這個標題是準確的嗎？

坦白地說，那是不準確的。

說實在的，這個標題把事實輕描淡寫！這裡發表的信件，獲得的效果被認為比奇蹟多出一倍。誰做出這個斷語？那是戴克……他是美國一位最著名的推銷專家，曾經擔任曼維爾公司業務部主任，現在是皮特公司廣告部主任，同時也是全國廣告協會的主席。

戴克先生說，他以前寄給經銷商的問卷得到的回函，總數不到發出信件的八％。如果有十五％的回信，他就認為很好了。他還告訴我，如果回信比例達到二〇%，應該算是奇蹟了。

可是戴克有一封信，就是在本章中披露出來的這封，它的比例竟然達到四二・五%，也就是說，比「奇蹟」高出一倍。你不要笑，這封信不是兒戲，也不是意外，其他許多信件也獲得同樣的效果。

他是怎麼做到的？這是戴克自己說的：

我加入卡內基先生的講習班以後，信件數量立刻增加。我知道自己過去使用的方法完全錯誤。我嘗試這本書上的每個原則，結果我發出的信件，竟然增加幾倍的效果。

請你幫我解決一個困難

這裡是原信。這封信中的語氣和含義，使人們願意為發信人做一些事情，並且使他們覺得自己很重要，我的評語在括弧中。

親愛的布蘭克先生：

我不知道你是否願意幫我解決一個困難？

（「讓我們先把情形弄清楚……想像一下，一個在印第安納州的木材經銷商，突然收到紐約曼維爾公司高級主管的來信。這封信開始就說，那位紐約的高級主管要請對方幫他解決一個困難。我們可以想像，那個印第安納州的經銷商會對自己這樣說：好吧！如果紐約那位先生遇到什麼困難，他是找對人了。我總是喜歡幫助別人，看看他遇到什麼困難。」）

去年，我曾經使我們公司相信所有經銷商業績增加的原因，是因為我們公司舉辦直接通信的結果。最近，我寄出一千六百封問卷給所有經銷商，使我感到興奮的是，已經收到他們數百封回函，表示他們贊成這項合作。

因此，我們又完成一項直接通信的計畫，相信你也會喜歡。

可是今天早晨，我們公司總經理和我討論關於去年實施計畫的報告，並且問我關於營業額方面的情形如何，究竟有多少生意成交？所以，我必須請你幫助我，讓我可以得到這份資料。

（「請你幫助我得到這份資料」，這句話的措辭恰到好處，那位紐約大商人說出實情，也給在印第安納州的經銷商誠實而懇切的重視。需要注意的是：戴克沒有說出一句自己公司如何重視對方的話。可是他使對方立刻知道，他是如何需要對方的賜予和幫助。戴克又向對方承認，需要對方幫這個忙，否則無法向總經理做出報告。那個印第安納州的經銷商也有普遍的人性，當然喜歡聽這些話。）

我請求你幫助的是：

一、在來函附上的明信片上，請你告訴我，去年你成交的生意有哪些是由直接通信獲得成功。

二、請你告訴我，那些生意的金額是多少。如果你願意賜下復函，我會非常感謝。我非常珍惜你提供的資料，而且感謝你的好意。

業務部主任戴克　啟

這是一封很簡單的信，是不是？但是它可以產生奇蹟。因為請對方幫忙，使對方有自尊和自重的感覺。

那種心理是有效的，無論你是銷售石棉屋頂材料，還是坐福特汽車去歐洲旅行。

有一次，我和克羅伊開車在法國內地旅行的時候，突然迷路了。我們把那輛「老爺車」停下，問當地的村民，如何可以到達下一個城鎮。

問路的效果，就像接通電流一樣……這些人穿著木鞋，以為所有美國人都是有錢人，汽車在那個地區更是罕見。開車遊覽法國的美國人一定是百萬富翁，也許就是汽車大王福特的堂兄堂弟。可是他們知道的事情，有些是我們不知道的。我們比他們有錢，但是我們把帽子脫下，恭敬有禮地向他們問路，就會給他們一種自重感。他們立刻開始說話，其中有一個人，似乎覺得這是一個難得的機會，命令其他人安靜下來，想要獨自享受這種指出我們迷途的快感。

你可以自己試試看！下次在一個陌生的城市，攔住一個社會階層比自己低的人，然後問他：「不知道你是否願意幫我解決一個困難，請你告訴我如何到達這個地方，可以嗎？」

富蘭克林運用這種方法，把一個仇人變成終生的朋友。他年輕的時候，把所有積蓄投資在一家小型印刷廠。他設法讓自己被選為費城議會的書記，因為那個職務可以使他做到政府的印刷生意。那個職務對他來說很有利，他希望可以達到這個目的，可是在他的前方有一個很大的障礙。在議會中，有一個最富有、最有能力的人，他不喜歡富蘭克林，還在公開演講中誹謗富蘭克林。

這件事情對富蘭克林非常危險。所以，富蘭克林決定要使那個人喜歡他！

他要如何進行？這是一個難題……為那個人做一些有好處的事情？不，那樣會引起他的懷疑，或是更輕視富蘭克林！

富蘭克林聰明能幹，絕對不會這樣做，他做出一件完全相反的事情，請那個人幫他一個忙。

富蘭克林向那個人借十元？不，不是的。富蘭克林求助於那個人的，是觸動他的虛榮，一件讓他覺得高興的事情。那是很巧妙的表示，富蘭克林對他的知識和成就表示讚賞。

這是富蘭克林寫的一段故事：

我聽說他的圖書室裡有一本很少見到的奇書，我寫一封信給他，表示希望可以看到他收藏的那本書。我請求他借我閱讀幾天，他很快叫人把那本書送來。一個星期以後，我如期歸還，同時附上一封信，表示感謝他的幫忙。

過了幾天，我們見面的時候，他開口跟我說話——這是從來沒有發生的事情——並且很客氣。從那次以後，他表示願意幫助我做任何事情，我們成為很好的朋友，直到他去世的時候。

富蘭克林去世迄今已經一百五十年，但是他應用的心理學，這種請求別人幫助的心理學，仍然是人們非常重視的。

例如：我的班上有一個學生叫做安賽爾，他運用這種心理學獲得很大的成效。他推銷鉛管和加熱材料已經很多年，想要跟布魯克林區的一個水管工人做生意。

水管工人生意做得很大，信用也非常好，可是安賽爾一開始就受到打擊。水管工人是一個粗野的人，蠻橫而粗暴。他坐在辦公桌後面的椅子上，嘴上叼著一根人雪茄，每次見到安賽爾就這樣說：「我今天什麼也不要，不要浪費我的時間，你走吧！」

有一天，安賽爾嘗試一個新方法，這個方法使他獲得一個朋友，以及很多訂貨合約。

安賽爾的公司準備在長島的皇后區買一棟房子，開設分公司。那棟房子正好跟那個水管工人的房子相鄰，因此他很瞭解房子的情形。所以，這次他去見那個水管工人的時候，就這樣說：「先生，今天我不是來跟你談生意，想要請你幫一個忙。如果你方便，只需要一分鐘的時間就夠了。」

那個水管工人嘴上叼著雪茄，一副財大氣粗的模樣，說：「好吧，你有什麼話？快說吧！」

安賽爾說：「我的公司想要在皇后區開設分公司，你對這裡的情形，相信比任何人更清楚，所以我來請教你，這是一個很好的計畫嗎？」

這是過去從來沒有發生的情況！這些年以來，這個水管工人對推銷員都是咆哮或是怒斥。

可是現在，有一個大公司的推銷員來請教他，徵求他的意見，使他獲得一種高貴感。

他拉來一張椅子，指著它說：「坐下！」他花費一個小時的時間，詳細地告訴安賽爾關於皇后區鉛業方面的情形。

他不僅贊成在這裡開設分公司，也為安賽爾計畫購置房屋的程序，以及購買貨物和開始營業的所有情形。他為一家有規模的鉛業公司指示營業方針，從這個方面獲得高貴感。從公事談到私事，他變得十分友善，並且告訴安賽爾關於自己家庭中困擾的事情和衝突。

安賽爾說：「那天晚上，我臨走的時候，口袋裡裝進大批訂貨合約，而且建立鞏固的商業友誼的基礎。現在，我和這個過去對我狂吠和咆哮的人一起打高爾夫球，過去那種態度已經完全改變，這是由於我請他完成一件使他感到重要的事情。」

一第六章一

八種打造幸福家庭的方法

How to Win
Friends and Influence People
Carnegie

不要喋喋不休，不要嘗試改造你的伴侶，不要批評，給予真誠的欣賞。

隨時注意瑣碎細微的地方，要有禮貌，學會如何與你的妻子相處，學會如何與你的丈夫相處。

你是否在自掘婚姻的墳墓？

法國皇帝拿破崙三世，就是拿破崙．波拿巴的侄子，他和世界上最美麗的女人歐珍妮墜入情網。然後，他們結婚了。他的那些大臣指出，歐珍妮只是西班牙一個不重要的伯爵的女兒，可是拿破崙回答：「這又有什麼關係？」

是的，她的優雅、她的青春、她的誘惑、她的美麗，使拿破崙感到幸福。拿破崙向全國宣布：「我已經挑選一位我敬愛的女人做我的妻子，我不想娶一個自己不認識的女人。」

拿破崙和他的新娘，他們具有健康、財富、權力、聲望、美貌、愛情——一對美滿的婚姻完全具備的條件。婚姻點燃的聖火，從來沒有像他們這樣光亮，這樣熾熱。

可是沒過多久，這個熾烈而輝煌的聖火逐漸冷卻！最後化為一堆灰燼。拿破崙可以使歐珍妮成為皇后，可是他愛情的力量和國王的權威，無法制止她的喋喋不休。

歐珍妮受到嫉妒和疑懼的折磨，侮謾拿破崙的命令，甚至不允許他有任何秘密。她闖進拿破崙正在處理國家大事的辦公室，打斷他與大臣們正在討論中的重要會議。她不允許他一個人獨處，總是害怕他會愛上其他女人。

她經常會向自己的姐姐抱怨自己的丈夫，訴苦、哭泣、喋喋不休！她會闖進他的書房，暴跳如雷、惡言謾罵。拿破崙擁有許多富麗的宮室，身為一國的元首，卻找不到一間屋子可以使自己安靜一會兒。

歐珍妮喋喋不休地吵鬧，獲得的是什麼？這裡就是答案，我現在從萊茵哈特名著《拿破崙與歐珍妮，一幕帝國的悲喜劇》一書中，摘錄一段如下：

後來，拿破崙經常在晚上，從宮殿一扇小門潛出，用軟帽遮住眼睛，由一個親信侍從，陪他去與正在期待他的一個美麗女人幽會。他們會在巴黎城內漫遊，或是觀賞國王不容易見到的夜生活。拿破崙的那類情形，就是歐珍妮留下的成績。事實上，她高居法國寶座，她的美麗傾國傾城，可是以她皇后之尊，有傾國傾城的美麗，卻無法使愛情在吵鬧的氣氛下存在。歐珍妮曾經放聲哭訴地說：「我最害怕的事情，終於降臨到我的身上。」

那些可怕的事情為什麼會降臨到她的身上？那是她咎由自取。這個可憐的女人，完全是錯在她的嫉妒，以及喋喋不休的吵鬧。地獄中的魔鬼發明的毀滅愛情的烈火中，吵鬧是最可怕的一種，就像被毒蛇咬到，沒有任何生還的希望。

托爾斯泰是俄國著名的文學家，他的妻子也有這種情況，可惜發現的時候已經太晚了。她在去世以前，對自己的女兒懺悔說：「你父親的去世，是我的錯。」她的女兒們沒有回答，只是在她的身旁痛哭。她們知道母親說的是實話，那是她們的母親不斷地抱怨、長久的批評，使得生活在這樣的環境下的父親去世。

照理說，托爾斯泰伯爵和他的妻子生活在優越的環境中，應該非常快樂，但是事實並非如此。托爾斯泰是歷史上最著名的作家之一，他的兩部名著《戰爭與和平》和《安娜·卡列尼娜》，在文學的領域中閃耀不朽的光輝。

托爾斯泰受到很多人的愛戴，他的仰慕者甚至終日追隨在他的身邊，把他說的每句話快速地記錄下來。他說了一句：「我想，我應該去睡了」，即使是這樣平淡無奇的話，也會被記錄下來。現在，俄羅斯政府把他所有寫過的字句印成書籍，總共有一百卷。除了美好的聲譽以外，托爾斯泰和他的妻子，有地位、有財產、有孩子。在這個世界上，幾乎沒有像他們這樣美滿的家庭：他們的結合，似乎是太美滿、太熱烈了，所以他們跪在地上，向上帝禱告，希望上帝可以賜給他們永遠的快樂。

然而，後來發生一件事情，使托爾斯泰逐漸地改變。他變成另一個人，對自己過去的作品，竟然感到羞愧。從那個時候開始，他把剩餘的生命貢獻於描寫消弭戰爭、宣傳和平、解除貧困上。

他曾經為自己懺悔，在年輕的時候，犯過許多不可想像的罪惡和錯誤，甚至謀殺。他要真實地遵從耶穌基督的教訓，他把所有的土地送給別人，自己過著貧苦的生活。他去田間工作，砍柴堆草，自己做鞋，自己打掃房間，用木碗盛飯，而且試圖去愛自己的敵人。

托爾斯泰的一生是一場悲劇，造成悲劇的原因，就是他的婚姻。他的妻子奢侈而虛榮，可是他對此輕視和鄙棄。她渴望顯赫、名譽、讚美，可是他對此不屑一顧。她希望擁有金錢和財富，可是他認為財富和私有財產是一種罪惡。

這樣經過了很多年，她吵鬧、謾罵、哭叫，因為他堅持放棄所有作品的出版權，不收取任何稿費和版稅。可是，她希望得到從那個方面而來的財富。

他反對她的時候，她會像瘋了似的哭鬧，在地上打滾。她拿著一瓶鴉片菸膏，要吞服自殺，同時恐嚇丈夫，自己要跳井。

他們的生活過程中有一件事情，我認為是歷史上最悲慘的一幕。我已經說過，他們剛開始的婚姻是非常美滿的，可是經過四十八年以後，他已經無法忍受再見到自己的妻子。

一天晚上，這個年邁傷心的妻子跪在丈夫的膝前，渴望愛情，請求他朗誦五十年前為她寫的最美麗的愛情詩章。那些美麗而甜蜜的日子，現在已經成為逝去的回憶，他們激動得痛哭起來。生活的現實和逝去的回憶，那是多麼不同啊！

最後，他八十二歲的時候，再也無法忍受家庭折磨的痛苦，就在一九一〇年十月，一個大雪紛飛的夜晚，他逃離自己的妻子，逃向酷寒和黑暗，不知去向。

十一天以後，他罹患肺炎，倒在一個車站裡。他臨死之前的請求是：不允許他的妻子來看他。

這是托爾斯泰夫人抱怨、吵鬧、歇斯底里付出的代價。

也許很多人認為她在某些方面吵鬧，不能算是過分！是的，我們可以承認這樣的說法，可是這不是我們討論的問題。最重要的是，那種喋喋不休的吵鬧，是否對她有某種幫助，還是把事情弄得比以前更糟糕？

「我想，我真是精神失常！」托爾斯泰夫人覺悟到說出這句話的時候，為時已晚。

林肯這個偉大的人物，一生中最大的悲劇也是他的婚姻。請你注意，不是他的暗殺，而是他的婚姻。布斯對他開槍的時候，他並未感覺到自己受傷，因為他幾乎每天生活在痛苦中。

亨頓是他的律師事務所合夥人，他形容林肯在二十三年以來過的日子，都是「處在由於婚姻不幸而造成的痛苦中」。婚姻不幸？幾乎有四分之一世紀的時間，林肯的妻子在他的面前喋喋不休，擾亂他的一生。

她總是抱怨和批評自己的丈夫，她認為他做的事情，沒有一件是對的。她抱怨丈夫的步伐沒有彈性，動作也不文雅，甚至做出丈夫那副模樣來嘲笑他，喋喋不休地要他改變走路的姿勢。她不喜歡看他那兩隻大耳朵和他的頭成直角，還說他的鼻子不挺直，又說他的嘴唇很難看，手腳太大，頭又這麼小，甚至說他跟癆病鬼一個模樣。

在很多方面，林肯和他的妻子都是相反的：教養上、環境上、性情上、興趣上，包括智慧和外貌上，他們幾乎每天生活在彼此的敵視和激怒中。

貝弗里奇是研究林肯傳記的權威，他這樣寫著：林肯夫人尖銳刺耳的聲音，隔著一條街也可以聽到。她不斷地怒吼，住在鄰近的人們都可以聽見。她的憤怒，經常用言語以外的方式發洩出來，想要形容她那副憤怒的神情，是很不容易的。

還有一個例子：林肯夫婦結婚以後不久，和埃利夫人住在一起——她是春田市上一個寡婦，或許為了貼補收入，不得不讓人進來寄住。

有一天早晨，林肯夫婦正在吃早餐，林肯不知道為什麼激起妻子的暴怒，林肯夫人在盛怒下，拿起一杯熱咖啡朝丈夫的臉上潑去，她是在許多房客的面前這樣做。

林肯一言不發，忍著氣坐在那裡。這個時候，埃利夫人走過來，用毛巾把林肯臉上和衣服上的咖啡拭去。

林肯夫人的嫉妒，幾乎到達人們無法相信的程度，她是那樣的凶狠、激烈，只要讀幾段她在眾人面前做出的可憐丟人的事情，七十五年以後讀到這些事情，還會令人吃驚。最後，她精神失常了——如果我們厚道地說一句話，那就是：她本來就有一些神經質。

所有那些吵鬧、責罵、喋喋不休，是不是改變林肯？從另一方面來說，是的，確實改變林肯對她的態度，使他後悔這個不幸的婚姻，而且盡量避免跟她見面。

春田市有十一位律師，無法在同一個地方謀生，所以他們經常騎馬跟隨戴維斯法官去其他地方——這樣一來，他們才可以在第八司法區所有城鎮的法院中找工作。

其他的律師，總是希望週末回到春田市，與家人歡度週末。可是林肯不想回來，他害怕回家，春季三個月，秋季三個月，他寧願留在異鄉，也不願意走近春田市。

他每年都是如此。住宿鎮上的旅館不是一件舒服的事情，可是林肯願意自己住在那裡，不想回家聽妻子喋喋不休的吵鬧。

這就是歐珍妮皇后、托爾斯泰夫人、林肯夫人和丈夫爭吵不休的結果。她們獲得的，是生命過程中的悲劇。她們珍愛的一切和她們的愛情，就這樣毀在自己的手中。

所以，想要保持家庭的幸福美滿，第一條規則是：

不要喋喋不休。

愛他，就多給他一些自由

英國政治家迪斯雷利說：「我的一生中，或許有許多錯誤和愚行，可是絕對不會為了愛情而結婚。」是的，他確實沒有，他三十五歲以前沒有結婚。後來，他向一個有錢的寡婦求婚，是一個年紀比他大十五歲的寡婦，一個經過五十個寒暑、頭髮灰白的寡婦。

那是愛情嗎？不，不是的。她知道他不愛她，而是為了金錢而娶她。所以，她提出一個請求：請他等一年，她要給自己一個觀察他品格的機會。一年過了，她和他結婚了。

這些話聽起來乏味，平淡無奇，就像做一筆生意，是不是？然而，人們難以瞭解的是，迪斯雷利的婚姻，被人們稱頌是最美滿的婚姻之一。

迪斯雷利選擇的那個有錢的寡婦，既不年輕，也不漂亮，是一個經過半個世紀歲月的婦人，當然差得遠了。

她的談話，經常會犯了文學上和歷史上的錯誤，成為人們譏笑的對象。例如：「她永遠弄不清楚，是先有希臘，還是先有羅馬。」她對於衣飾裝扮，更是離奇古怪，非常離譜；對於房屋的陳設，也是一竅不通。可是，她是一個天才！

她在對婚姻最重要的事情上，是一個偉大的天才——對待一個男人的藝術。

她從來不會讓自己想到的跟丈夫的意見對峙。下午的時候，迪斯雷利跟那些反應敏銳的伯爵夫人對答談話而精疲力竭地回到家裡，她立刻使他有一個安靜的空間休息。在愉快日增的家庭中，在相敬如賓的氣氛中，他有一個安靜休息的地方。

迪斯雷利跟這個比他年長的妻子在一起的時候，是他一生中最愉快的時候。她是他的助手、他的親信、他的顧問。每天晚上，他從眾議院匆忙地回家，告訴她白天看到和聽到的新聞。最重要的，只要是他努力做的事情，她絕對不相信他會失敗。

瑪麗，這個五十歲再結婚的寡婦，經過三十年的歲月，她認為自己的財產有價值，是因為可以使他的生活更安逸。反過來說，她是他心中的女英雄。迪斯雷利在她去世以後，被授封為伯爵。可是他還是平民的時候，請求維多利亞女王授封瑪麗為貴族。所以在一八六八年，瑪麗被封為「比肯斯菲爾德」女子爵。

無論她在眾人面前表現的是如何愚蠢和笨拙，他從來不會批評她；他在她的面前，從來沒有說過一句責備的話……如果有人嘲笑她，他會立刻為她強烈地辯護。

瑪麗不完美，可是在她後三十年的歲月中，永遠不倦於談論她的丈夫。她稱讚他，欽佩他！結果呢？這是迪斯雷利自己說的：「我們結婚三十年，我從來沒有厭倦她。」

可是，有些人會這樣想——瑪麗不知道歷史，她一定很愚蠢。以迪斯雷利而言，他認為瑪麗是自己一生中最重要的，那是他毫不隱諱的。結果呢？瑪麗經常告訴她的朋友們：「感謝上帝的慈愛，我的一生，是許多長久的快樂。」

他們之間有一句玩笑話。迪斯雷利曾經說：「你知道，我和你結婚，只是為了你的錢。」瑪麗笑著回答：「是的，但是如果再來一次，你是為了愛情而娶我，你說對不對？」

迪斯雷利承認，那是對的。

不，瑪麗不完美，可是迪斯雷利非常聰明，讓她保持原本的自己。

亨利・詹姆斯曾經說：「跟人們交往，第一件應該學習的事情，就是不干涉人們自己原本那種特殊快樂的方法。」

伍德在自己著作的關於家庭方面的書上這樣寫著：「婚姻的成功，不只是尋找一個適合的人，而是自己應該如何成為一個適合的人。」

所以，想要保持家庭的幸福美滿，第二條規則是：

不要嘗試改造你的伴侶。

這樣做，你就快要離婚了

迪斯雷利在公眾生活中的敵人是格萊斯頓。他們兩人，遇到可以爭辯的國家大事，就會發生衝突。可是，他們有一件事情卻是完全相同的，那就是：他們的私人生活非常快樂。

格萊斯頓夫婦共同度過五十九年美滿的生活。我們可以想像格萊斯頓這位英國尊貴的首相，握著妻子的手圍繞壁爐的地毯上唱歌的那個情景。

格萊斯頓在公共場合是一個可怕的敵人，可是在家裡，他絕對不會批評任何人。每天早晨，他下樓吃早餐的時候，看到其他人還沒有起床，他會用一種溫柔的方式，以替代原來會有的責備。

他提高嗓門，唱出一首歌，讓屋子裡充滿他的歌聲——那是告訴還沒有起床的家人，英國最忙碌的人獨自在等待他們一起吃早餐。格萊斯頓有外交的手腕，可是他體貼別人，竭力避免家庭中的批評。

俄國女皇凱薩琳也曾經這樣做。她統治世界上一個面積遼闊的帝國，掌握千萬民眾生殺予奪的權力。在政治上，她是一個殘忍的暴君，好大喜功地發動戰爭。只要她說一句話，敵人就會被判處死刑。可是，如果她的廚師把肉烤焦了，她什麼話也不會說，微笑著吃下去。她的這種寬容，是一般男士們應該效法的。

桃樂絲・迪克斯是美國研究不幸婚姻原因的權威，她提出這樣的見解：五〇％以上的婚姻，都會歸於失敗。為什麼許多甜蜜的美夢會在結婚以後全部觸礁？她知道一個原因，那就是：毫無用途、令人心碎的批評。

如果你要批評自己的孩子，你以為我會阻止你不要那樣做？不，不是那回事。我只是要告訴你，在你批評他們之前，可以先看看那篇《父親忘記了》的文章，這篇文章是在一本家庭雜誌評論欄上刊登出來。我們獲得作者的同意，特地轉載在這裡。

《父親忘記了》是一篇短文，卻引起許多讀者的共鳴，也是每個人都可以翻印的讀物。幾年以前，這篇文章第一次刊登出來以後，就像作者拉內德所說：「在數百種雜誌和內部刊物以及全國各地的報紙上刊登，同時也譯成很多種的外國文字。我曾經答應成千上萬的人，在學校、教會、講台上宣讀這篇文章，以及不計其數的空中廣播。」

讓人們感到驚奇的是，大學期刊採用，中學期刊也採用。有時候，一篇短文會有奇異的效果出現，這篇文章就是如此。

我的兒子，你安靜地聽著：我在你酣睡的時候這樣說，你的小手壓在你的臉頰下，金色的頭髮黏在你的額頭上，我悄悄地進來你的房間。那是幾分鐘以前，我在書房看書的時候，突然一股強烈的悔意，激動我的心，使我失去抵抗，使我感到內疚地來到你的床邊。

孩子，這些是我想到的事情——我覺得我對你太苛刻了。早晨，你穿衣服上學的時候，用毛巾輕輕地擦臉，我責備你；你沒有把鞋子擦乾淨，我也責備你；你把東西丟在地上的時候，我也大聲責備你。

吃早餐的時候，我挑剔你的錯誤，說你這也不對，那也不對……你把手肘放在桌上，你在麵包上塗的奶油太多。你開始去遊戲，我去趕火車的時候，你轉過身來，揮手對我說：「爸爸，再見！」我又把眉頭皺了起來，說：「趕快回家！」

午後，所有的情形重新開始。我從外面回來，發現你跪在地上玩彈珠，你的襪子上有很多破洞，我看到那些小朋友羞辱你，立刻叫你跟我回來。買襪子要花錢，如果你自己花錢買，就會特別小心！孩子，你想想，那種話竟然從一個父親的口中說出來！

你還記得嗎？後來，我在書房看報紙的時候，你畏怯地走進來，眼裡含著傷感的神情。我抬頭看到你，覺得你來打擾我，感到很不耐煩，惱怒地問你：「你要做什麼？」

你沒有說什麼，突然跑過來，投進我的懷裡，用手臂摟住我的脖子，親吻我……你的小手緊緊地摟著我，那是充滿孺慕的熱情。這種孺慕的熱情，是上帝栽種在你的心裡，像一朵鮮麗的花朵，雖然被人們忽略了，可是不會枯萎。你親吻我以後，就離開我，跑上樓了。

孩子，你離開以後沒有多久，報紙從我的手上滑下來，一種可怕的痛苦和恐懼，突然襲擊到我的身上。那是習慣支配我，每天責罵你，憎恨你，吹毛求疵地挑剔你的錯誤。難道這是我對你的獎勵嗎？孩子，不是爸爸不愛你，不喜歡你，那是我對你期望太高，我用現在自己的年紀來衡量你。

其實，你的品格中有很多優點是令人喜愛的，你幼小的心靈，就像晨曦中的一線曙光……

這些是由你突然跑進來親吻我，說晚安的真情上表現出來。孩子，在這個寂靜的夜晚，我悄然來到你的房間，內疚不安地向你懺悔，這是一個不懂事的父親，一個可憐的父親。

如果你沒有睡著，我對你說出這些話，在你赤子般的心裡也不會瞭解。可是，明天我必須要做到的是，做一個真正的父親。你笑的時候，我也跟著笑；你痛苦的時候，我願意陪你一起承受這個痛苦。

有時候，我沉不住氣要責備你，我會咬自己的舌頭，阻止說出這句話。我會對自己不斷地這樣說：「是的，他只是一個幼小的孩子……他還是一個小孩。」

我害怕自己已經把你當作一個成年人。我現在看到你疲倦地酣睡在床上，我明白過來了，你還是一個小孩。昨天，你躺在你母親的懷裡，把頭依偎在她的肩上。是的，你還是一個眷戀母親愛撫的小孩，我對你的要求，實在太多了……太多了！

所以，想要保持家庭的幸福美滿，第三條規則是：

不要批評。

使人們快樂的方法

洛杉磯「家庭關係研究所」主任波佩諾表示：

大多數的男人，他們尋找妻子的時候，不是尋找一個有才華的女性，而是尋找一個長得漂亮，會奉承他的虛榮心，可以滿足他優越感的女性。所以就有一種情形：一位擔任經理的未婚女性，被男士邀請共進午餐，她在餐桌上會很自然地搬出自己在大學課程中學到的那些淵博知識。用餐以後，她會堅持要付帳，結果她以後就是單獨一個人用餐。

反過來說，一個沒有讀過大學的女打字員被男士邀請共進午餐，她會熱情地注視自己的男伴，帶著仰慕的神情說：「真的，我很喜歡聽……你再說一些關於自己的事情……」

結果呢？這位男士會告訴別人：「她雖然沒有很漂亮，可是我從未遇到比她更會說話的人。」

男人應該讚賞女人的臉部修飾和她們美麗可愛的服裝，可是他們忘記了。如果他們稍微留意就會知道，女人是多麼地重視衣著。如果有一對男女在街上遇到另一對男女，女性很少注意對面那個男性，她們總是注意對面那個女性如何打扮。

幾年以前，我的祖母以九十八歲的高齡去世，在她去世以前不久，我們拿一張很久以前她自己的相片給她看。她老花的眼睛看不清楚，提出的唯一問題是：「那個時候，我穿什麼樣的衣服？」

我們可以想想，一個臥床不起的老婦人，她的記憶力已經使她無法認出自己的女兒，可是她想要知道，這張老舊的相片上，她穿什麼樣的衣服。她提出那個問題的時候，我就在她的床邊，使我留下一個深刻的印象。

你們看到這幾行字的時候，男士們，你們也許不會記得，五年前自己穿什麼樣的外衣或襯衫……其實，男士們也沒有任何想法去記住它。可是，對女人來說，完全不一樣！

我曾經節錄一個故事，我相信實際上不可能會發生，然而其中縕含一個真理，所以我要把這個故事再敘述一遍：

這是一個愚蠢而可笑的故事：有一個農家女子，在一天勞累的工作以後，在幾個工人面前放下一堆草。那些工人問她：「你是不是瘋了？」那個女子回答：「哦！我怎麼會知道，你們會注意到這些？我為你們做飯，已經做了二十多年，那麼長久的時間，我從來沒有聽到一句話，使我知道你們吃的不是草。」

帝俄時代的莫斯科和聖彼得堡，那些養尊處優的貴族，他們很注重禮貌，似乎已經成為他們的習慣。他們享用精美的晚餐以後，會請主人把廚師叫來外面，接受他們的讚美。

為什麼不用這種方法在你妻子的身上試試？她把一道菜煮得很好的時候，你告訴她，這道菜煮得很好，你吃得很開心！讓她知道你非常欣賞，你不是在吃草。就像古南經常說的一句話：「大聲地稱讚這個小女孩。」

這樣做的時候，不要害怕讓你的妻子知道，她在你的快樂中佔據如何重要的地位。迪斯雷利是英國一位偉大的政治家，可是我們已經知道，他絕對不認為人們知道這件事情是自己的恥辱，因為他知道「我得到妻子幫助的地方很多」。

有一天，我在看雜誌的時候，看到一篇關於好萊塢的著名電影明星埃迪・康托爾的訪問，上面是這樣寫的：

在全世界所有人之中，我的妻子對我的幫助最多。我還是一個孩子的時候，她是我一個青梅竹馬的伴侶，她鼓勵我勇往直前。

我們結婚以後，她把每一塊錢節省下來，投資再投資，為我累積一筆財產。現在，我們有五個可愛的孩子。她永遠為我布置一個可愛而甜蜜的家，我如果有任何的成就，完全要歸功於我的妻子。

在好萊塢，婚姻是一件冒險的事情，倫敦的勞埃德保險公司也不願意打這個賭。在少數幾對著名的美滿婚姻中，巴克斯特夫婦是其中的一對。巴克斯特夫人之前的名字是布萊森，她放棄很有前途的舞台事業去結婚。可是她的犧牲，沒有損害他們的快樂。

巴克斯特這樣說：

她雖然失去舞台上無數的掌聲和讚美，可是現在，我隨時隨地在她的身旁，她隨時可以聽到我出於由衷的讚美。

如果一個妻子想要從丈夫那裡獲得快樂和歡愉，可以從他的欣賞和熱愛中找到。如果那種欣賞和熱愛是真誠的，那也是他的快樂所在。

你明白了吧！

所以，想要保持家庭的幸福美滿，第四條規則是：

給予真誠的欣賞。

對女人特別有意義的事情

從古到今，鮮花是代表愛情的語言。不需要花費多少錢，尤其是在花季的時候，在街口或路口，都可以看到賣花的人。可是，有沒有哪個丈夫，經常記得為妻子帶回一束鮮花？你或許以為它們都是貴如蘭花，或是你把它們看作瑤池中的仙草，所以不需要付出那樣的代價。

為什麼要等到你的妻子生病住院，才要為她捧去一束鮮花？為什麼不在明天下班回家的時候，給她帶回幾朵玫瑰花？如果你願意，可以試試，看看效果如何！

柯恩是一個百老匯最忙碌的人，每天打兩次電話給自己的母親，直到她去世。你以為他每次打電話給母親，是有什麼重要消息要告訴她？不，不是的。

注意細節的意思是：對你敬愛的人，表示你經常想念她，你希望她愉快。她的歡愉和快樂，也會使你有同樣的感受。

女人非常重視生日或是紀念日！這是為什麼？那是女人心中的一個謎！

男人總是把應該記住的日子忘得一乾二淨，可是有幾個日子絕對不能忘記，例如：妻子的生日，或是結婚紀念日。如果無法全部記住，最重要的，不要忘記妻子的生日。

芝加哥有一個法官，名字叫做塞巴斯，曾經處理四萬個婚姻爭執的案件，同時調解兩千對夫妻。他曾經這樣說：

一件細微的小事，就會成為婚姻不快樂的根源……以一件很簡單的事情來說，如果妻子每天早晨對上班的丈夫揮手，說一聲「再見」，就可以避免很多撞上離婚暗礁的危險。

白朗寧和他妻子的生活，應該是史冊上最值得稱頌的事情。他們永遠關注對方的生活細節，彼此之間細微的體諒，使他們的愛情永恆。白朗寧對生病的妻子非常體貼，他的妻子寫信給自己的姐姐：「我現在開始有些懷疑，自己是不是像天使一樣快樂？」

很多男人低估夫妻之間每天發生的那些小事，這樣長久下去，會忽略這些事情的存在，就會有不幸的後果發生。

雷諾是美國處理離婚案件最方便和簡單的地方：每個星期，法院開庭六天，平均十分鐘判決一個離婚案件。你以為有多少婚姻是真正撞上離婚暗礁，幾乎成為一場悲劇？我敢說，那是極少數的。

如果你有興趣，每天坐在雷諾法院裡，傾聽那些怨偶提出自己離婚的理由，你就會知道，愛情是「損於細微的小事」。

現在，把這幾句話寫下來，貼在帽子裡或是鏡子上，使自己可以每天看到。這幾句話是：這條路，我只會經過一次，所以我可以為人們做的任何好事，讓我現在就做吧！不要遲延，不要忽略，因為我不會再從這裡經過。

所以，想要保持家庭的幸福美滿，第五條規則是：

隨時注意瑣碎細微的地方。

如果你要快樂，請記住這些

達姆羅許和布萊恩的女兒結婚（布萊恩是美國一位演說家，曾經是美國總統候選人），幾年以前，他們在蘇格蘭的安德魯・卡內基家中認識以後，就過著幸福的生活。

他們相處融洽的秘訣是什麼？

達姆羅許夫人這樣說：「我們選擇自己伴侶的時候，必須謹慎小心，其次是結婚以後注意彼此的禮貌。年輕的妻子們，就像對待一位客人一樣，溫婉有禮地對待自己的丈夫。任何一個丈夫，都會害怕自己的妻子是一個罵街的潑婦。」

無禮和粗暴會摧毀愛情的果實，每個人都知道這個情形，可是我們對待每位客人，總是比對待自己的家人更有禮貌，這是很明顯的。

我們不會對一個陌生人說：「天啊！你又在說那些陳腔濫調的故事！」我們不會尚未獲得別人的允許，拆閱別人的信件。同時，我們也不會窺探別人的隱私。可是，我們對最親密的家人，發現他們的錯誤，就會公然侮辱他們。

再引用迪克斯的話：「那是一件令人驚訝的事情，可是完全是事實。對我們說出那些刻薄、侮辱、傷感情的話的人，幾乎都是我們自己的家人。」

里斯納說：「禮貌是內心的一種特質，可以教導人們忽略破舊的園門，專心注意園內的好花。」禮貌在我們結婚以後的生活中，就像汽車離不開汽油一樣。

霍姆斯對家人的體貼諒解，無微不至。他即使心裡有不愉快的事情，也會隱藏自己的煩惱，不從自己的臉上顯現出來，或是讓家人知道。

霍姆斯可以做到這一點，一般人又是如何？在辦公室裡，許多人做錯一件事情，或是失去一筆生意，被老闆批評幾句，恨不得立刻回家，把自己受到的「窩囊氣」發洩到家人的身上。

荷蘭人有一種風俗，人們進屋子以前，把鞋子脫在外面。我們可以向荷蘭人學習這個習慣，那就是：回家進門以前，把一天遇到的不如意事情扔到門外，然後再進屋。

威廉・詹姆斯寫過一篇文章，題名為《人類某種的愚蠢》。他這樣寫著：「本文現在要說的，是人類的盲目愚蠢，遇到跟我們自己感受不同的動物或是人們的時候，使我們感到困擾和煩惱。」

我們都罹患盲目的愚蠢！多少的男士們，不會跟顧客或是同伴厲聲地說話，可是會毫不考慮地向自己的妻子發威。

如果為了個人幸福著想，他們應該知道，婚姻比他們的事業更重要。一個獲得美滿婚姻的人，比一個孤獨的天才更幸福。

蘇俄文學家屠格涅夫受到人們的敬仰，可是他這樣說：「我寧願放棄自己的天才和著作……假如在某個地方有一個女人，關心我是否可以早一點回家吃飯。」

獲得幸福婚姻的機會究竟有多少？迪克斯女士這樣表示：她認為失敗的比例佔多數。可是波佩諾的意見並非如此，他說：「一個人在婚姻上成功的機會，比其他事業的成功機會更多。一個開雜貨店的男人，失敗的機率有七〇%。可是進入婚姻的男女，有七〇%是成功的。」

關於婚姻的問題，迪克斯女士做出以下這個結論：

如果與婚姻相比，人類的出生只是短暫的一幕，至於死亡，更不是一件重要的事情。女人始終無法瞭解，為什麼男人不把家庭也看作一項事業，使這項業務蒸蒸日上，成為一個甜蜜美滿的家庭。

雖然有些男人認為，娶到一個體貼的妻子以及擁有一個美滿的家庭，比獲得百萬財富更重要。可是在一般男士們中，很少有人會加以思考和真誠的努力，以期獲得自己婚姻的成功。他們把一生中最重要的事情交付在命運上，認為成功或失敗，那是要看運氣如何！

女人們永遠不明白，為什麼那些男人不在她們身上運用一些外交手腕？當然，如果他們對她們不用欺壓的手段，而是使用一些溫柔，對他們來說，那是有益的。

每個男人都知道，自己可以差遣妻子做任何事情，並非是帶有某種目的。如果他知道如何稱讚妻子幾句話，說她是一位能幹的主婦，她會更樂於盡自己的本分，把這件事情做得十全十美。如果有一個丈夫，稱讚自己的妻子去年做的那套衣服如何美麗，她絕對不會打算今年再訂製一套巴黎的新式時裝。

每個男人都知道，自己可以把妻子的眼睛吻得閉起來，直到她盲如蝙蝠；只要在她的嘴唇上熱情一吻，就可以使她啞如蚌蠣。

而且每個妻子都知道，自己的丈夫明白這一切，因為她已經為他準備一個完整的清單，要他按照這個清單去做。可是，她卻不知道，應該是熱愛他，還是應該討厭他。因為他寧願跟妻子吵架以後，再花錢為她買新衣、新車、珠寶，也不願意奉承她一些，按照她渴望的去滿足她。

所以，想要保持家庭的幸福美滿，第六條規則是：

要有禮貌。

如何與女性相處？

愛一個女人，絕對不是只有火熱的感情就夠了，還要涵蓋許多內容，例如：理解、殷勤、敏感、尊重。可是，那些不知道如何經營愛情的男人，總是喜歡尋找藉口：「沒有人可以真正瞭解女人。」如果你想要瞭解自己的妻子，就要從愛她開始做起，並且讓她知道你的愛。否則，婚姻對雙方都不是好事。

「男人如果娶妻生子，就表示失去財運和機會。」這是法蘭西斯．培根對婚姻的觀點。他不贊成男人娶妻生子，背負家庭的重擔，認為他們那樣做就要承擔命運之神隨時奪走家人生命的危險，是一種愚蠢的行為。

這可以表現培根對已婚者的悲觀態度，但是也從反面暗示一個道理，那就是：男人結婚，需要很大的勇氣。過去的看法認為，單身男子無所顧忌，已婚男子拘謹呆板。現在看來，這個觀念需要更正。

事實上，單身男子和已婚男子相比，更顯得拘謹呆板。這一點，可以從他們不敢冒險去婚姻登記處，以避免破壞他們拘謹的計畫中看得出來。他們非常謹慎，性情捉摸不定，就像未婚女性向你描述的那樣：

他們不敢跳入婚姻的海洋，只是在海灘上散步，偶爾用腳試一下海水，如果遇到大浪湧來，就會立刻退到安全的地方。至於結婚的男人，具備獨行俠那樣的膽量，具有受傷的犀牛那樣的勇氣和賭徒那樣的性情。那些因為賭博而破產的人和這種賭徒般的性情相比，只能算是小兒科，因為他們把自己的生命、未來、金錢，全部押在一個女人的身上，並且保證讓這個女人永遠快樂。他的對手是命運之神，他把一切都押給命運之神，然後對命運之神做鬼臉。

在此，我們不想批評這些已婚男人，而是向他們提出一些建議，以增加他們結婚以後生活的快樂，表達對這些具有冒險精神的男人的敬意。

康乃爾大學文理學院院長柯瑞爾博士曾經給幸福的婚姻設計一幅藍圖：「幸福的婚姻只屬於那些心靈成熟、瞭解自己、善於和別人建立良好的關係，而且任何事情都可以為別人的幸福著想，具有責任感的人。」

柯瑞爾博士還說：「一家人是透過內在價值（例如：情愛和伴侶）的滿足而結合在一起，這種內在價值是無法強求的。」柯瑞爾博士所說的內在價值，可以透過一些方法加以發展、保護、加強。以下是我們收集的關於「妻子的情報」，可以作為丈夫如何與妻子相處的建議。

不斷地感謝和讚美妻子

假如你必須節省開支以維持生活，不要吝惜給自己的妻子「嘴上的蜂蜜」。如果你總是誇獎她，稱讚她是多麼的賢慧，她就會對你抱以忠心，無論你是失業還是又老又胖，她都會堅持留在你的身邊，即使她總是穿著一件舊外套，也不會有任何怨言。可惜的是，在那些聰明的男人中，不瞭解女性這個特點的人不在少數。他們認為可以娶到她，是她一輩子的福氣。這些男人完全不知道，妻子從來不會厭煩丈夫讚美她們。男人們很容易知道自己在各個方面的地位如何，例如：工作上出現失誤，會有主管提醒他；成交一筆生意，會有加薪或獎金，或是主管當眾予以嘉獎。可是待在家裡的妻子又是如何？如果丈夫不告訴她，她們不會知道自己的表現如何。因此，丈夫的讚美就是對她最好的獎賞。

羅伯特．普拉爾是我的朋友，他是紐約《世界電訊報》的專欄作家，也是勇敢地揭露城市腐敗現象的《大賄賂》一書的作者。他令人羨慕的地方，就是擁有一個幾乎所有男人都想要得到的理想妻子。他的妻子珍妮也認為，他是這個世界上最偉大的男人，而且經常稱讚自己的丈夫。

羅伯特有一些讓妻子保持良好感受的方法，例如：出版社將一本精緻封面的特別贈本送給他的時候，他會在書上題寫贈言：「獻給珍妮——我親愛的妻子和我的生命」。這樣的贈言，比在支票上簽名更容易讓女人心花怒放，因為這是對她認真處理家務的真誠而由衷地讚美。

對妻子要慷慨體貼

許多男人錯誤地認為，慷慨大方就是女人有需要的時候不假思索地幫她付帳，並且經常給她一些錢。現在，我要告訴你的是：金錢和女人看重的慷慨大方只是附屬關係，她們更在意你這樣對她說：「親愛的，把你的媽媽接過來，和我們共度一段美好的時光。」這樣表現出來的慷慨大方也許更有效。她們希望丈夫可以在公共場合關心和尊重自己，就像他對一個陌生的漂亮女孩那樣，關心和尊重自己。

就像愛一樣，體貼、仁慈、善良，應該先從自己的家人開始。

保持衣著整潔

許多男人認為，只有女人才要保持迷人的風采和適宜的儀表。例如：女人總會受到這類警告：不能有異味，不能手指粗糙、體重超常、懶散成性……女人如此在意年紀和身材，是因為害怕自己如果失去青春，就會失去自己的丈夫。

但是那些男人又會怎麼樣？也許他是一個時裝模特兒，可是回到家裡，他就像一張沒有清理的床。到了週末，他會穿著一件襯衫看報紙，穿著奇臭無比的拖鞋到處走動，既不洗澡也不刮鬍子，自以為是地認為自己很英俊，他的妻子可以嫁給自己，真是她的福分。

再從妻子的角度來看：她不會在意丈夫是穿工作服還是西裝，而且無論如何，自己都會愛他。但是，即使丈夫在家沒有事情做的時候，她也想要看到丈夫洗澡，刮鬍子，穿著和居家生活協調的衣服。

雖然外表無法決定一個男人的地位，但是可以改變女人眼中的男人形象。以下提供一個清單，是那些企圖博得女人（包括自己的妻子）青睞的男人應該注意的：

及時理髮，不要拖延。不要在白天留著鬍子不刮，除非你陪著孩子到湖邊釣魚。保持儀表的整潔，香皂盒和除臭劑不是專門為女人生產。讓自己的褲子保持筆挺，只有頹廢的男人才會容忍自己的褲子都是皺摺。保持皮鞋的光亮，襪子要挺直，臉上帶著微笑。

瞭解妻子的工作

現在，許多女性對於賺錢和安排生活都有切身的體驗，隨著職業女性越來越多，她們在結婚以前和結婚以後對工作的壓力和要求也有一定的瞭解。

因此，男人們必須體諒妻子，她比自己更容易受到環境限制，她的日子過得不輕鬆，也要為這個家庭的日常需求而操勞。

作為一個丈夫，應該瞭解每天處理那些家務是多麼的枯燥乏味。此外，妻子還要照顧孩子，如果家中有人生病，更是離不開她。有時候，妻子還要安排家人的娛樂活動。妻子經常勞累過度，最大的動力和回報，只是家人的幸福和讚美。

妻子需要和外界接觸，以增加對她的刺激，消除因為工作枯燥而產生的無聊乏味。丈夫應該帶妻子出去，和其他人進行交流。男人由於工作上的關係，使得自己有機會參加許多社交活動，因此希望透過休閒以獲得平靜。這個時候，丈夫必須協調自己的需求和妻子需要的具有刺激性的社交活動，彼此之間要相對平衡。想要做好這一點，就要看丈夫如何合理地安排。

支持妻子，做她的後盾

我的一個朋友曾經向我談起自己經歷的一次危機，那是她的姑媽第一次到她家的時候發生的：

她的姑媽剛到她家，她的孩子就罹患支氣管炎，只能躺在床上，結果招待客人的所有計畫都泡湯了。「如果不是湯姆」，她告訴我，「我不知道應該怎麼辦。每天晚上，他會和我的姑媽出去散步，讓她感到很愉快。到了週末，他們一起出去看風景。姑媽玩得很高興，也減輕我的心理壓力。雖然湯姆有一些缺點，可是到了緊急關頭，因為有他在身邊，我會覺得自己有依靠。」

遇到問題的時候，如果有一個可以全心依靠的丈夫，比浪漫小說中的英雄救美強過百倍。因此，丈夫要在妻子遇到問題的時候挺身而出，即使是日常事務，也要支持和幫助妻子。例如：

參加家長會和婦女俱樂部的活動，妻子需要丈夫的支持和鼓勵。

參加教會唱詩班或是縫紉班的活動，妻子也會有這樣的需求。

教育孩子的時候，妻子需要丈夫的幫助。

在社交場合，妻子希望丈夫成為自己的驕傲；她想要看到他玩得高興，而不是洋相百出。

妻子需要知道，無論發生什麼事情，丈夫都可以永遠和自己在一起，讓自己的內心有一種安全感。

分享妻子的嗜好

婚姻的成功與否，取決於夫妻雙方的「分享」和「合作」。夫妻在處理家庭問題的時候，必須把「你」和「我」轉變成「我們」。例如：我們去什麼地方度假？我們的椅套和電視是否要換成新的……如果瞭解對方在生活中扮演的角色，所有的問題就可以迎刃而解。

許多男人也許會認為，買禮物和做家事之類的事情讓他們參與，會失去自己的尊嚴。但是，如果丈夫想要家庭溫馨和睦，就要放下股市行情分析，幫助妻子做一些家事。既然丈夫希望妻子對自己升職為主管而高興，為什麼不能關注妻子今天遇到的事情，對她在舊貨市場撿到的一個便宜感興趣？

安德烈·莫洛亞是一位善於洞悉人情世故的作家，他在建議男人如何與女人相處的時候說：「對女人認為重要的事物感興趣，例如：她們的穿著、她們為家庭付出的努力、她們對感情和人物深入細緻的分析。有空的時候，可以陪妻子逛街買東西，在某些事情上為她出謀劃策，對日常事務感興趣，並且和她交流，例如：參加俱樂部。如果她瞭解音樂和美術，就要設法瞭解她的嗜好。過不了多久，你就會驚奇地發現，你對她的嗜好也有興趣。」

向妻子表達你的愛

作家維奇・鮑姆曾經說：「得到愛情的女人，更容易獲得成功。」作為一個丈夫，要永遠愛自己的妻子，這不像把結婚戒指戴在她的手指上那麼簡單，還要做到——只要她高興，就要每天把結婚戒指戴在她的手指上。「男人喜歡感覺到自己被愛著，」梅托・德這樣寫道，「女人卻喜歡男人說自己愛她。」

不知道為什麼，很多男人度完蜜月之後，就會對向妻子說「我愛你」感到尷尬。其實，你完全可以放鬆，不必像歐洲的男人那樣殷勤，也可以感動自己的妻子。作為女人，總是有其獨特的感知力，可以透過許多無言的暗示來感受到你的愛。例如：你可以在人群之中找到她；在電影院裡，緊握著她的手，出乎意料的擁抱，溫柔體貼。

然而，很多女人不明白，為什麼男人在結婚以前對自己那麼熱情，可是結婚以後不願意對自己表達他的愛。我的辦公桌上放著一封信，它來自安大略多倫多市的一個青年，他的名字是傑克・坦蒙。他在信中承認自己犯了這樣的錯誤：

我的妻子是我自己挑選出來的理想而完美的女性。我們結婚以後，我總是忙於工作，我們生活的所有事情，都是我的妻子處理。

然而，這種生活模式顯然行不通，我們結婚以後的五年是不幸和失敗的。終於有一天，我和妻子吵架，四歲的兒子問我：「爸爸，難道你不喜歡媽媽嗎？我相信她是一個好媽媽。」

我突然明白，原來自己是一個笨蛋。其實，我真心真意地愛著她。我愛她這個人，也愛她為我做的事情。正是她的精心照顧，我們的兒子才會如此健康可愛，我卻沒有承擔丈夫和父親的責任。

我受到懲罰是應該的，但是我決定彌補這個錯誤。我找到我的妻子，希望她可以幫助我，使我成為一個稱職的丈夫和父親。

感謝上帝，我成功了。現在，我們過著真正的婚姻生活，這種生活是建立在互敬互愛的基礎上。她又為我生了一個女兒，我們的幸福價值千金。

現在，我的孩子再也沒有問我，為什麼不喜歡他們的媽媽！

愛一個女人，絕對不是只有火熱的感情就夠了，還要涵蓋許多內容，例如：理解、殷勤、敏感、尊重。可是，那些不知道如何經營愛情的男人，總是喜歡尋找藉口：「沒有人可以真正瞭解女人。」他們頑固地認為，男人是直流電，女人是交流電，雙方永遠沒有溝通的可能，於是他們可以省下許多嘗試的麻煩。

在這裡，我們只想勸告這些男人：女人不是來自太空，也不是怪物。女人不是難解之謎，很多男人已經瞭解女人，而且是在自己結婚以後做到這一點。

如果你想要瞭解自己的妻子，就要從愛她開始做起，並且讓她知道你的愛。否則，婚姻對雙方都不是好事。

對於美國的女性來說，無論指責她們有什麼缺點，她們都不會介意，但是不能指責她們自大或自滿。她們非常希望可以改善自我，由此形成一個涵蓋面廣泛的諮詢市場。例如：有人指導她們如何吸引男人、如何挑選丈夫、結婚以後應該做什麼、如何養育下一代、如何處理家務，如果她們可以騰出十分鐘，還會問在閒暇的時候應該做什麼。她們不僅會去聽演講，還會訂閱各種刊物，為自己的生活提供有意義的指導，並且參加各種自我完善的課程。此外，九〇%的廣告產品都是針對這些女人。

我們再來看看她們的丈夫：這些男人也會積極進修，但是局限於如何多賺一些錢，使自己在工作中超出別人，成為一個優秀人物。至於如何處理與家人的關係，只是希望維持原狀。他們很少讀書，也很少去聽演講，不關心如何吸引妻子或是維持感情。在他們看來，增進夫妻之間的感情是那些女人的事情。至於如何適應對方的個性，這些男人永遠只會說：「應該讓女人來適應我們。」

男人也許會這樣解釋：自己要維持生活，必須出去賺錢，把所有的心思和精力放在改善工作上，而不是如何扮演丈夫這個角色。然而，無論是男人還是女人，婚姻不是依靠金錢來維持。衣食無憂，只是男人責任的開始，而不是全部，事情也不是完全局限於此。

幾年以前，密爾斯學院院長利恩·懷特有一本著作——《教育我們的女兒》。他在這本書中批評學校教育，認為將女人和男人共同教育的做法是錯誤的。他提出，應該在課程中安排一些適合女性實際需要的內容——也就是說，教育不能脫離一個事實，那就是：大多數的女人，總是要成為妻子和母親。

這個提議確實效果很好，但是無法為幸福婚姻提供一個樣板。我們將自己的女兒教育成為一個好妻子和好母親，卻讓她們嫁給那些只知道賺錢的丈夫和父親，又有什麼用？為什麼不將自己的女兒嫁給知道如何做一個好丈夫和好父親的男人？

法國偉大的作家巴爾札克曾經說：「大多數的已婚男人，都會讓我想起那些想要拉小提琴的大猩猩。」假如我們將婚姻當作男女雙方都要瞭解的事情，就可以瞭解婚姻，那些已婚男人就不會像大猩猩，而是應該像著名小提琴家佛里茲·克萊斯勒。

自古以來，「家」就是人類的基本單位，不僅可以讓人們保持對未來的希望，維持目前的現實，還可以保衛、滋養、教導人們。家，就是一座神聖的城堡。

為什麼只有男人才可以承擔保護家庭的責任？雖然女人待在家裡的時間比男人多，但是不表示男人不需要家。家，不只是一個物質概念，也包括溫暖、分享、歡笑、眼淚、幸福、憂傷的含義，正是這些精神含義，為其增添豐富的意義和價值。只是依靠女人，無法創造這一切，它是男女雙方共同努力創造的結果。所以，真誠地告誡男人，要給女人一個機會，思考自己應該如何扮演「丈夫」和「父親」這個特殊的雙重角色，將自己創造成功事業的才智和精力適當地分給家人。

所以，想要保持家庭的幸福美滿，第七條規則是：

學會如何與你的妻子相處。

如何與男性相處？

我最喜歡的一個人是奧格登・納許，他在《獻給女嬰之父的頌歌》中，抒發一種感慨之情：在這個世界的某個角落，有一個男嬰正在長大成為娶走他可愛女兒的男人。既然大多數可愛女嬰的父親與納許有同樣的想法，我們就要勇敢地面對它。但是對於一個女人來說，比總是容忍男人的任性更可悲的是：沒有男人可以讓自己容忍。

為什麼我要這樣說？這個世界上，有一半的人是男性，所以如何與男人相處，成為每個女人都要面臨的問題。女人的一生中，會接觸許多男人，例如：丈夫、父親、兒子、女婿，或是老闆、客戶、朋友、追求者、色情狂，或是醫生、律師、軍人、員工，或是屠夫、麵包師、工人……

既然男人和女人之間存在差異，我們只能接受這個事實。作為女人，多考慮如何與男人相處，應該不是一件壞事。

男人希望女人可以為自己做什麼事情？

當然是舒適！你可能會認為，我是從一些喝膩了香檳酒、老套又落伍的花花公子那裡得來的答案吧？

錯了，讓我來告訴你一個事實：

第二次世界大戰結束的時候，那些繼續留在軍中服役的男人曾經接受一次問卷調查，其中有一個問題是這樣的：「你希望婚姻生活給你帶來什麼？」幾乎所有人都給出同樣的答案——不是令人心蕩神迷的富有女性魅力的女人，也不是刺激，更不是興奮，而是舒適！

這個答案也許會讓那些盲目迷信化妝品和香水廣告的女人感到失望。但是，既然男人只需要舒適，為什麼不給他們舒適？對男人來說，一盎司的舒適比一磅的性感更值錢。但是，男人理想中的舒適究竟是什麼？是某個讓他所有的感官都可以放鬆的女人，還是一個知書達禮的賢慧女子，或是像瑪麗蓮・夢露那樣的性感尤物？

一些參加某個課程的女性，根據自己與男人在一起的經歷，經過討論之後，得出以下幾個行之有效的規則，這些規則可以作為女人如何與男人相處的有效法則。

要有一個好性情

家庭問題專家桃樂絲・迪克斯曾經說：「男人選擇女人的第一個要求，就是女人要有一個好性情。」——任何女人如果想要和男人愉快地相處，無論這個男人是她的丈夫、老闆、水電工，還是她只有三個月大的兒子，都要注意自己的性情，不必刻意注重自己的錯誤，因為男人寧願在愉快的氣氛中吃罐裝的青豆，也不願意面對一個滿臉愁容、嘮叨不休的女人吃牛排。

一個單身漢曾經坦率地說，如果自己有機會在一個快樂、溫柔、性情溫和的女人和一個愁苦、愚鈍、性情暴躁的女人之間進行選擇，他會選擇前者！

我曾經雇用一個速記打字的女員工，如果只從職業技能來看，她不能算是合格——她的拼寫很差，打字速度很慢，而且經常會出錯。但是她可以保住自己的工作，甚至做到結婚和退休，完全得益於她快樂天使般的性情。

她不害怕別人的抱怨和批評，就像辦公室裡的陽光一樣，令人感到溫暖。只要有她在，即使她不做任何事情，你也會覺得應該付薪水給她。我不知道她做菜的手藝是否比速記打字的能力強，但是我經常看到她和自己的丈夫在一起，而且她的丈夫看著她的時候，臉上總是光彩四溢——她的丈夫不在意她是否會做菜。

做一個好伴侶

美國高爾夫球公開賽冠軍傑克・弗萊克曾經為《世界電訊報》撰寫文章，介紹自己如何克服不利局面，獲得愛荷華州達文波特兩個市立高爾夫球場特許經營權的經過。

當時，在傑克面前的是一個艱鉅的任務，他要保住特許經營權，又不能放棄比賽訓練。幸運的是，他娶了琳恩·伯恩斯戴爾做妻子，她給他帶來好運氣。琳恩成為傑克的事業幫手，使他可以專心練習球技。

後來，也就是一九五二年，傑克一家開始奔赴全國各地。琳恩負責照顧十三個月大的兒子，傑克參加巡迴公開賽。傑克說：「我從來不讓琳恩跟我進入賽場，你們沒有見過郵差帶著妻子去送信吧？」

琳恩雖然沒有積極參與傑克的球賽事業，但是她會在他的身邊，使他沒有後顧之憂。像她這樣的女人，才是男人真正的好伴侶。

佛羅倫斯·梅納德住在紐約州北部的一個小鎮，她是一個普通的家庭主婦。在過去十六年的婚姻生活中，她只會做一些家事，所以覺得自己的生活似乎缺少什麼東西。後來，她終於知道自己缺乏伴侶的親情。然而，梅納德夫婦的共同興趣和愛好實在是太少了，梅納德夫人開始採取行動，以改變這種狀況。

「我丈夫的一個主要愛好，就是職業曲棍球，」梅納德夫人說，「所以，我首先要培養自己這個方面的興趣。我非常瞭解曲棍球的知識以後，對這項運動也產生濃厚的興趣。我和丈夫懷著同樣的熱情去觀看曲棍球比賽，並且記下電視轉播曲棍球比賽的時間。從此，我喜歡上這項令人感興趣的運動，而且發現自己有事情可以做。我從中得到的，不只是陪丈夫欣賞這項運動的樂趣，而且包括充實的生活——再也不會一個人無聊地坐在家裡，沒有事情可以做。除了曲棍球之外，我現在又找到一些新的興趣，可以和丈夫分享更多的樂趣。」

善於傾聽

幾乎所有的男人都認為女人的話太多，意思是指女人搶走他們說話的機會。

許多女人錯誤地認為，傾聽男人說話，就是默不作聲地坐在那裡，耐心地聽他們說完。其實，傾聽別人說話，也要表現積極的態度，如果你是一個善於傾聽的人，就會在適當的時刻加入談話中。

傾聽別人說話的時候，首先要集中精神，眼睛不能飄移不定，或是神色緊張、坐立不安。如果你可以集中精神，就可以學到很多東西。

傾聽別人說話的時候，表情要盡量放鬆，而且要隨著對方說話的內容有所變化。一個面無表情的聽眾，最會讓說話的人覺得掃興。對於舞台導演來說，最辛苦的工作就是訓練演員如何表演傾聽其他演員說話的形象。如果你想要成為一個令人滿意的聽眾，就要努力訓練自己。

成功的傾聽，需要集中精神和積極配合。曾經有人戲稱，一個女人如果想要贏得男人的心，只要在他介紹自己某次成功的生意，目光專注地看著他，並且適時地說「你真是太棒了！天啊，你簡直是一個天才」之類的話就可以。越是笨拙，男人越會喜歡她。但是，現在這種情況已經有一些變化：許多女人也可以在生活中取得成功，她們覺得很難完成從精明的女人向愚蠢的女孩的角色轉變。男人也比以前更精明，可以分辨誰是認真傾聽的女人，誰是巴結奉承的女人。因此請記住，一個男人需要一個女人聽他說話，想要贏得這個男人的心，並且希望影響他的時候，就不要再玩「假裝傾聽」那套把戲。

這個時候，最好的方法是：提出自己的問題，以表示自己正在聽他說話，而且想要知道更詳細的情況。有時候，也可以提出自己的想法。如果你同意他的說法，並且在某個方面很有經驗，可以在他停下來的時候提出來，但是一定要簡潔，再把主導談話的權利交給他。

這樣的傾聽，不是單調的獨白，而是積極的溝通。然而，大多數人不是理想的聽眾，因為他們不瞭解溝通的規則，但是可以透過練習加以改進。

女人如果掌握傾聽的藝術，就會與男人相處得更愉快，與其他人相處得更融洽，也會促進自己的成熟——這是獲得成熟的途徑之一。

學會適應男人

也許我們似曾見過這種場面：

「今天晚上，我們邀請吉米和瑪麗來家裡，我們有很長時間沒有見到他們。」丈夫說。

「好的，」妻子回答，「但是，最好也邀請海倫和湯姆，因為最近我們已經去他們家做過兩次客。」

然後——

「噢，天啊——海倫的妹妹今天住在她那裡，我們還要找一個客人來陪她。你去熟食店多買一些啤現在出來工作的女人，實在是太可憐了。她們為了嫁給一個自己喜歡的男人，除了要追求成功和獨立之外，還要隨時提醒自己要有魅力。可是現在的男人已經被寵壞了，他們想要娶的女人要有魅力，還要非常聰明，如果可能，最好可以幫助自己增加家庭收入。

讓你喜歡的男人看上你，並且讓他覺得你就是其理想中的女孩，這沒有什麼困難。你可以這樣做：工作的時候，充分展現自己的才能，爭取老闆的賞識；下班之後，讓那個與你約會的男人覺得你是女人，而不是一台高效運轉的機器。

和之前提到的那個女孩一樣，海倫也是從一個逃之夭夭的男人那裡學到這一點。

多年以前，海倫認識一個年輕男子，他會經常陪伴她。有一段時間，海倫對政治產生濃厚的興趣，經常在休息時間參與政治活動。不必幫別人競選或是參加集會的時候，她和男朋友談論的話題都是關於政治，例如：某個法官說過什麼話，或是行政管理上存在什麼問題。

最後，他忍無可忍，大聲對海倫說：「你原本是一個女人，可是現在卻成為政治活動的競選宣傳單。如果我需要政治或哲學方面說教的話，我會寫信給國會議員。我現在需要的，是可以給自己的夜晚增添愉快氣氛的女人。」後來，他終於離開海倫，娶了一個美麗動人的金髮女子，她可以把屋子整理得有條不紊，還可以做一個玲瓏可愛的女人。

做真正的自己

最讓男人感到滑稽可笑的，就是看到一個中年婦女穿著少女服飾，戴著一頂假髮，穿著一雙三英寸的高跟鞋，得意洋洋地在街上橫衝直撞。在所有讓人們感到悲哀的事情中，拒絕接受成熟的女人可能是最可悲的。她們會固執地認為，女人的魅力完全是在於年紀，只要願意努力，沒有人會知道自己超過三十九歲。如果看到這樣的女人嫵媚做作，用自己失去性感和魅力的身體向男人獻殷勤的時候，會讓人們感到噁心。

除此之外，有一些看起來文靜典雅的女人，會突發奇想地以為，透過違反常理的奇怪舉動，可以顯示自己不拘小節的魅力。其實正好相反，男人沒有她們想像得那麼笨，他們非常清楚，知道如何判斷一個女人。

還有一些看起來很聰明的女人，她們不成熟地認為，女人可以透過「偶爾改變性格」，把男人弄得神魂顛倒。然而，本質才是最好的東西，既然上帝賜予我們現在的性格，又有什麼不好，為什麼要掩飾？

我們要做的是：剝去偽裝，讓自己的本質重見天日。我們可以發揮自己的特性，克服自己沒有魅力的缺點，就可以達到最理想的狀態。只要願意努力，每個人都可以做到這一點，無論是男人還是女人。

樂於做女人

提出「兩性之間的戰爭會持續存在」這個危言聳聽的論點的人，絕對是一個爭強好勝的人。我不明白，為什麼男女之間的性別差異會成為彼此鬥爭的原因？在我看來，還有很多重要的事情更值得去鬥爭。無論如何，視所有的男人為敵人的女人，一定是受到自然和人類的欺騙和利用，因此很少有機會得到男人的青睞。對此，她們會說：「反正我討厭男人。」

想要和男人建立和諧關係的女人，首先必須接受母親的角色，承認母親在人類社會擔任一個特殊角色，同時瞭解女人的基本作用。那些拒絕接受母親角色的女人，不是只限於未出嫁的「老處女」，也包括一些已婚女性。她們總是抱怨「身為女人，就是低人一等」「上帝在創造男人和女人的時候，實在太偏心了」，正好為「兩性戰爭」提供證據。

一個人是否可以坦然接受自己的性別角色，與他是否結婚沒有任何關係，它是態度端正和感情成熟的自然結果。如果無法接受這種基本思想，男人和女人在一起的時候，就不會得到幸福，就會出現男人和女人之間的戰爭。

如何與男人相處，無法得出一個精確的公式，因為人與人之間的性格總是存在各種差異。這裡提出的意見，至少可以指導你加深對男人的瞭解。

在我們理想的美好世界中，男人和女人不是天生作對的敵人，而是攜手並進，在友誼和愛情中共同工作、共同玩樂。

所以，想要保持家庭的幸福美滿，第八條規則是：

學會如何與你的丈夫相處。

心學堂06

卡內基
人性的弱點。

作者　戴爾・卡內基
譯者　雲中軒
美術構成　騾賴耙工作室
封面設計　斐類設計工作室
發行人　羅清維
企劃執行　張緯倫、林義傑
責任行政　陳淑貞

企劃出版　海鷹文化
出版登記　行政院新聞局局版北市業字第780號
發行部　台北市信義區林口街54-4號1樓
電話　02-2727-3008
傳真　02-2727-0603
E-mail　seadove.book@msa.hinet.net

總經銷　知遠文化事業有限公司
地址　新北市深坑區北深路三段155巷25號5樓
電話　02-2664-8800
傳真　02-2664-8801
網址　www.booknews.com.tw

香港總經銷　和平圖書有限公司
地址　香港柴灣嘉業街12號百樂門大廈17樓
電話　（852）2804-6687
傳真　（852）2804-6409

CVS總代理　美璟文化有限公司
電話　02-2723-9968
E-mail　net@uth.com.tw

出版日期　2021年01月01日　一版一刷
2024年07月05日　一版十五刷
定價　280元
郵政劃撥　18989626　戶名：海鴿文化出版圖書有限公司

國家圖書館出版品預行編目（CIP）資料

卡內基 人性的弱點 ／ 戴爾・卡內基作 ； 雲中軒譯.
-- 一版. -- 臺北市 ： 海鴿文化，2021.01
面 ； 公分. --（心學堂；6）
ISBN 978-986-392-335-0（平裝）

1. 人際關係　2. 溝通技巧　3. 成功法

177.3　109017588

SeaEagle

SeaEagle